外语教学与语言艺术研究

杨金淑 迟 鹏 张 云◎著

线装书局

图书在版编目（CIP）数据

外语教学与语言艺术研究/杨金淑，迟鹏，张云著. --北京:线装书局，2023.5

ISBN 978-7-5120-5467-7

Ⅰ.①外…　Ⅱ.①杨…　②迟…　③张…　Ⅲ.①外语教学－教学研究　Ⅳ.①H09

中国国家版本馆CIP数据核字(2023)第083153号

外语教学与语言艺术研究
WAIYU JIAOXUE YU YUYAN YISHU YANJIU

作　　者：杨金淑　迟　鹏　张　云

责任编辑：林　菲

出版发行：线装书局

地　　址：北京市丰台区方庄日月天地大厦B座17层（100078）

电　　话：010-58077126（发行部）010-58076938（总编室）

网　　址：www.zgxzsj.com

经　　销：新华书店

印　　制：北京四海锦诚印刷技术有限公司

开　　本：787mm×1092mm　1/16

印　　张：12

字　　数：233千字

版　　次：2023年5月第1版第1次印刷

定　　价：78.00元

线装书局官方微信

前　言

　　语言与文化两者之间存在着不可分割的联系。语言反映一个民族的历史传统、价值观念、信仰习俗、思维方式以及行为习惯等文化特征，是文化的载体，文化的符号。没有语言就没有文化。同时，文化也影响和制约着语言形式，它不断将自己的精髓注入语言之中，成为语言的文化内涵和文化的基本内容。语言不能脱离文化而存在。语言是学习文化最丰富的源泉。随着国家间交流的日益密切，语言间的接触也日益频繁，这也导致了语言的变化。目前，受全球经济一体化、文化多元化和科技迅猛化发展的影响，世界各国间的交流与日俱增。为了提高中国在国际交流中的地位和影响力，中国需要与世界各个领域加强合作。英语是国际通用语言，在国际交流和合作中扮演着愈来愈重要的角色，同时也受到世界各国的高度重视，在中国更是如此。在教育教学中，英语是一门必不可少的、关键性的课程，也是学生学习的重点课程。近年来，随着中国加入世界贸易组织以及与国际的合作日益频繁，中国对综合型、实用型英语人才的需求不断增加，同时对大学生英语的应用能力和实践能力提出更高的要求。相应地，英语教学受到极大的重视和关注。

　　本书是外语教学与语言艺术研究方向的著作。本书从外语教学与语言文化概述介绍入手，针对语言的本质和思维、英语教学的原则、技能与策略进行了分析研究；另外对英语教学中的思维模式、微时代背景下英语教学模式、英语语言知识教学艺术做了一定的介绍；还剖析了语言艺术与外语教学等相关内容；旨在摸索出一条适合外语教学与语言工作的科学道路，帮助其工作者在应用中少走弯路，运用科学方法，提高效率。

　　在撰写过程中，参阅、借鉴和引用了国内外许多同行的观点和成果。各位同人的研究奠定了本书的学术基础，对外语教学与语言艺术的展开提供了理论基础，在此一并感谢。另外，受水平和时间所限，书中难免有疏漏和不当之处，敬请读者批评指正。

目　录

第一章 外语教学与语言文化概述

第一节　外语教学法流派

一、语法翻译法

语法翻译法是外语教学法中最古老而又最有生命力的一派，也是各种翻译法的鼻祖。由于适应性广，简单而便于使用，它至今仍为许多教学单位和外语教师在实际工作中所采用（尽管不断有人指责它有这种或那种弊端，但仍动摇不了它存在之根本）。

如果把外语教学法发展史分为前科学时期和科学时期的话，那么语法翻译法便是前科学时期的产物，而不是语言学、教育学、心理学诸学科的自觉的综合应用。这好比是先有了能保证农民收获的世代相传的耕作术，然后才有农业科学的道理一样。在实际的农业生产活动中，既有许多人采用现代化的洋法科学种田，也仍有不少人沿用"古已有之"的传统土法来打粮食。如果真正得法，后者也能稳产丰收。

之所以说语法翻译法"最古老"，这是因为它是欧洲古人教授古典语言（拉丁文、古希腊文）的传统老法，产生于中世纪。在欧洲各国民族标准语（有文字的、规范的、全民通用的语言）产生以前，拉丁文、古希腊文是"约定俗成"的"国际语"，是欧洲各国共同的文化载体，也是欧洲各国受过教育的人（特别是有学识之士）、大小官员、僧侣的必修课程。只有大家都共懂一种古典语言（文字），各国之间（以及一国之内各民族之间和同一语言的各方言区之间）的交往和文化交流才成为可能。对于各国和各民族的人来说，古典语言（文字）是第二语言，学习它是在学生已经掌握母语的条件下进行的。还需指出的是：拉丁文、古希腊文即使在当年的欧洲也都是已经"死亡"了的古代语言，在各国老百姓的现实日常生活中谁也不用它们来作为口头交际的工具。学习这种"死语言"（古文）的主要目的，在当时是为了读懂用这种文字写成的各种"典籍""经文"学术著作、官方公文、告示等等；更高的要求是用这种古文来写作，从书信、公文到著书立说。口头掌握这种"死语言"并在一定的听众范围内演说、辩论、讲学、布道，这只是少数人的事，而且在现实生活中这种"已死"的语言早已不复存在，所以在语音上没有严格的规范可循，只能大体上"约定俗成"。语法翻译法便是在这样的条件下产生的：它以古文为学习对象，以阅读为主要教学目标。在长期的教学实践中，语法翻译法证明自己胜任这一任务，因此一直为当年的语文教育界所广泛采用，而且代代相传。以后随着各国的民族标准语的形成，它们逐渐代替了古典语言（拉丁文、古希腊文）的地位，成为本国本民族的文化载体，古典语言的作用也相应下降，最后各国自己的民族标准语终于上升到了举足轻重的地位。这时由于国际交往和文化交流的日趋频繁，学习一种别国的现代民族标准语（特别是通用语种，对欧洲来说首先是法语、英语、德语、西班牙语等）的语言教育，也即外语教育，取代了统一的古典语言教育。与被称为"死语言"的古典语言（古文）相比较，现代民族标准语可说是"活语言"。由于"死语言"和"活语言"都是第二语言，教授与学习它们就具有很多共性。在没有找到和创造出更为有效的教学法之前，人们便沿用了语法翻译法。因此，语法翻译法又称"古典法""传统法"。

用语法翻译法来教授现代"活语言"，经实践的不断检验，证明它也能基本胜任自己的任务。因此，在直接法产生以前，语法翻译法在外语教育领域内仍得以"独领风骚数百载"。以后在语法翻译法的基础上，又陆续产生了形形色色大同小异的翻译法各小支派，而语法翻译法自身在发展过程中基本处于主流派的地位。语法翻译法和以后的其他翻译法一样，它最简单的定义是：用母语来教授外语的一种方法，而且顾名思义，在教学中以翻译为基本手段，以学习语法为入门途径。

二、直接法

（一）直接法产生的背景和一般情况

直接法又叫"改革法"。顾名思义，它是对教"死语言"的语法翻译法的一种根本性的改革。改革法是各支派的总称：如贝力子法、古安法、菲埃托法、帕默法、韦斯特法、循序直接法等等。

19世纪中叶，资本主义在西欧的进一步发展，欧美各国之间、宗主国和殖民地之间、不同国家民族在各方面的人际交往日趋频繁，尤其是通商贸易。语言不通已日益成为这种发展的严重障碍。此时，语言交际，首先是口头交际，需要大量实际掌握外语的人才。语法翻译法满足不了这一新的社会需要。为此，必须制订出一套新的外语教学法理论，以期更有效地保证人们掌握外语的口头交际能力。直接法便是在这种社会需要的背景下产生的。

同时，语言学、心理学和教育学也都为这种新的外语教学法的产生提供了理论基础。例如，语音学对欧洲几种主要语言的语音体系已做出了全面科学的描述，提出音和字母对应关系的理论；语法学对这些语言的语法结构已进行全面的描写和初步的对比；词汇则提出语义随语境变化、词有意味差别等理论；成语学初步建立。语言学的研究成果证明：不同语言的结构和词汇不存在完全的对等关系，这从根本上动摇了以逐词翻译为基本手段的语法翻译的理论。心理学和教育学此时也都在研究学生的年龄特征、记忆能力、刺激和兴趣在学习中的重要性等问题。

直接法的产生，标志着外语教学法从前科学时期进入科学时期。直接法最早用于纯实用目的的外语训练班和外语学校，以后逐步为许多国家的部分中小学所采用。沙俄政府和旧中国教育部曾对此法大加提倡。有的发达资本主义国家如瑞典直至 20 世纪中期仍把它作为中学外语教学的法定教学法。

（二）直接法的基本特征

语言有形式和意义两方面。语法翻译法通过翻译和本族语讲解使学生理解外语的意义方面，通过形式语法（即传统语法）规则的事先灌输或注入以及对所学语言材料进行语法分析，来使学生理解外语的形式方面；翻译和语法练习是语法翻译法"练"的主要形式和基本内容。直接法则从讲到练都反其道而行之。从第一节课开始，便用外语本身来讲练外语，使学生通过外语来学外语的意义和形式两个方面；通过用外语进行的听说读写四种言语活动的实际训练，来培养学生实际运用外语进行听说读写的言语能力。直在整个教学过程中，直接法用外语讲练外语的主张还受到反映教学普遍规律的教学论一般原则的严格制约，例如，可接受性原则、循序渐进原则、系统性原则、巩固性原则等。至于直观性原则和积极性原则，直接法比起语法翻译法来要重视得多。此外，直接法还特别注意遵循"由已知到未知、由易到难、由浅入深、由简及繁、由近及远、由具体到抽象"等原则。

因此，直接法用外语讲练外语实际上是用学生已知的外语语言材料来讲授未知的语言材料。在学生已知的外语语言材料还不足以讲明新的外语材料时，直接法还借助实物、图画、动作、表情、上下文、语境等辅助手段来教，而力求避免使用母语。宁可绕弯子让学生去"琢磨"，也不肯用母语"一语道破"。

此外，在处理讲和练的关系上，直接法一直把重点放在"练"上，在双边活动中，一直让学生尽可能多地活动。

三、自觉对比法

自觉对比法除了严格遵循教学论的一般教学原则（如思想性、积极性、自觉性、系统性、循序渐进性、可接受性、量力性等原则）以外，还具有一些只为外语教学所独有的特殊原则：

（一）依靠母语原则

这是自觉对比教学法体系中最重要的，甚至是唯一的特殊教学原则。翻译和对比有助于学生更深刻地领会母语和认识自己的思维，有效地防止母语的干扰作用。这条原则还有一个重要内容：教学全过程都要用母语来讲解外语，特别是用母语来解释语音、语法和其他材料。

依靠母语原则的实质在于：应尽可能使学生在已有母语知识和技能的基础上去获取外语知识和技能；同时教学过程应设计得能使两种知识和技能互相促进。

（二）在理论指导下的实践原则

这里所说的"理论"指外语以及外语同母语对比的语言理论知识，包括语音、语法、词汇、修辞等方面的知识或规则，主要指语法。

这一原则的基本思想是要求教学中理论先行，一切实践都必须有理论的指导，才是自觉的实践，否则便是盲目的实践。自觉对比法的入门课本在讲解语音前，每个音都有发音部位图，往往还附有母语所做的文字描述；以后教读音规则，也都有此类文字说明；在教授一个新语法现象之前，都先用母语讲解规则；有些教材在每课之后还附有用母语所写的词汇注释。自觉对比法还要求在理解的基础上进行模仿。只有理解了的东西，才能记忆得牢靠。

（三）在分析基础上的综合原则

自觉对比派主张在学习句子之前，要先分别学习构成句子的要素：语音语调、单词和语法规则，这样才能真正理解这个句子，也只有在理解的基础上学习句子，才是自觉的学习。

（四）以文字材料为基础原则

自觉对比派主张教学一开始，便以文字符号为基础，要求眼到、口到、耳到、手到四到并举，反对听说领先。该派重视文字符号、书面材料，这与他们重视外语课的普通教育和教养意义直接有关。此外，其根据还有：①口语的线条性强，出口即逝，无法固定；而文字符号和书面材料是固定的，可以慢慢分析，不受时间的限制，而分析活动又是自觉学习的一个重要特点。同时，有了固定的样本，复习也有了依据；②心理学有一条规律：参加记忆的感觉器官越多，感觉与思维协同配合得越好，记忆就越牢固扎实。

（五）以文学语言为基本教材的原则

自觉对比派从外语课的普通教育和教养任务出发，认为学习外语，主要是学习文学语言；课文应尽量用所学外语国家的名著（原文或经过改写的片段）。文学作品的语言是经过作家加工的、具有提高性质的语言，而名作家又是使用语言的大师，其作品的语言最为典范。

为了贯彻这些思想和原则，自觉对比派采用以下几种基本教学手段：①两种语言的对比；②翻译；③用母语进行的语言理论知识讲解；④语法分析；⑤分析性阅读。这些教学手段在全部教学过程中都是贯彻始终的。其中翻译、语法、分析性阅读三个方面的教学方法是该法自认为研究得最全面、最透彻的得意之作。

第二节　语言文化基本知识

一、语言和语言学

语言具有多种功能，概括起来，主要有两种：交际功能和认知功能。

语言的交际功能是对语言的社会功能的高度概括。在人类社会中，人与人之间的交际分为言语交际和非言语交际。言语交际是以语言符号为主要手段的交际活动，它是人们交际的主要形式。换句话说，人们主要凭借语言传递信息，交流思想和感情。当然，人们还可以采用各种非语言手段作为交际工具，比如运用旗语、灯光语、电码、手势语等来进行所谓的非言语交际，它们在一定的环境下也能达到交际目的，但使用范围受到限制，只能作为人们的辅助交际工具使用。人们日常使用最广泛的交际工具还是语言，它已经深入人们生活的各个领域；而且语言作为交际工具是第一性的，其他交际手段是在语言的基础上派生出来的，是第二性的。同时，语言是人类独有的，动物不具有语言能力。尽管某些动物，如蜜蜂、蚂蚁等，有其特殊的传递信息方式，但这是遗传下来的生活方式，而不是真正的语言。由此可见，语言的交际功能体现了语言的社会本质，语言正是以此为人类社会服务的。

语言的认知功能主要包括两方面的含义：第一，语言是人类思维的工具；第二，人类依靠语言认识世界。

思想是人们对现实世界的认识。语言和思维是两种独立的现象，但它们形影相随，不可分离。思维主要分为形象思维和抽象思维两大类。形象思维主要依靠形象进行思维，而不一定需要语言作为载体，而抽象思维则必须以语言为工具。这是因为，抽象思维具有概括性和社会性的特征，而这两方面的特征均离不开语言。抽象思维揭示的是事物的本质特征和内部联系，它要用概念、判断和推理的形式进行概括，而概念、判断、推理需要用词语、句子来表达，即依靠语言来完成。可见，抽象思维的概括性离不开语言。同样，抽象思维的社会性也离不开语言。一个人必须亲自参加社会实践，直接与人交流，才能够形成正确的抽象思维，而抽象思维必须借助语言这种物质形式才能与人交流，在交流中发展。在人类的思维中，占主要地位的是抽象思维而不是形象思维，是否具有高度的抽象思维能力正是人类与动物的本质区别之一。科学研究证明，控制语言活动的大脑左半球掌管抽象的、概括的思维，右半球掌管不需要语言的感性直观思维。大脑两个半球的分工是人类特有的。

因此可以说，语言是人类思维的工具。不管用本族语思维也好，用外族语思维也好，一个人在思维的时候总得运用一种语言。语言同时也是思维认识成果的贮存所。人们认识客观事物，形成概念，必须用语言中确切的词语把它"包装"好，否则它会"飞走"。

同时，人类依靠语言认识世界。这正是由语言作为人类思维的工具这一特点所决定的。语言把人类思维活动的结果和认识活动的成果记载并保存下来，使后人通过学习就能掌握前人的劳动和生活经验，而不必一切从头做起。因而从历史发展的角度看，人类对世界的认识是依赖语言而完成的。如果没有语言，我们将回到祖先的认知水平上，我们的社会将无法发展。因此，语言既是人类交际和思维的工具，又是人类文化的载体。

语言是交际工具和认知工具，是就语言的基本功能而言的。若就语言的机制，即它的本身结构而言，语言则是一个音义结合的符号系统。任何一种符号都必须具备形式和内容两个基本部分。人类的语言和其他符号一样，是一种形式和内容相统一的符号，其形式就是语音，其内容就是语义。两者的关系构成了语言符号系统，人们就是运用这套符号系统作为交际工具的。语言系统内部又由语义系统、语法系统和语音系统等分支系统组成，各分支系统之间既相互独立又相互依赖。其中语义系统是核心，它通过语法系统以语音形式得到体现。语言这个符号系统能产性极高。在任何一种语言中，语言的物质手段和规则都是有限的，而语言却可以通过有限物质手段的组合和语言规则的递归运用来表达几乎无限的意义。

语言学由于语言本身的特殊性质，在科学体系中占有重要地位，被称为"一门领先的科学"。它既与社会科学有紧密的联系，也与自然科学有紧密的联系。当代许多新兴科技问题都需要语言学的协作才能解决，比如语音的分辨与合成问题，提高通信效果的多余信息压缩问题，深水、外层空间的对话以及通信保密的问题，还有机器翻译、人机对话等问题，都成了语言学中的专门课题。语言学是一门古老的科学，又是一门年轻的科学，更是一门有着广阔发展前途的科学。

二、语言和社会

语言和社会的关系是一个复杂问题。从本质上讲，语言是一种社会现象。它与社会息息相关，受到社会的制约，同时又对社会产生种种影响。

语言是社会的产物。在远古时代，人类为了自身的生存，必须通过集体劳动来征服自然和改造自然，而在社会集体劳动中要传递信息、进行交际，就必须有语言作为纽带。人类语言就是作为交际工具，在人们共同劳动的过程中经历了若干万年才逐渐产生出来的。从个体发生学角度看，每个人的言语活动也同样证明语言是社会的产物。一个人语言能力的形成固然离不开正常的生理器官，但更离不开存在于社会中的现成的语言环境。一个人若离开社会在兽群中成长，是不会具有语言能力的，因为语言不是人的自然生理现象，而是人在社会中通过言语实践而获得的。发音器官只是条件，而语言却必须从幼年起在交际中去学习和掌握。

语言是社会约定俗成的。人们在使用语言进行交际时都必须遵守社会约定的准则和规范。语言是音义组合的符号系统，符号里音义的组合具有任意性，是由同一语言的民族约定俗成的。语言随着社会的发展而变化。在社会历史发展的长河中，旧的词语会逐渐消亡，新的词语会逐渐产生。这在词汇中表现得尤为明显。语言受制于社会，同时也反作用于社会。语言对社会发展变化的作用是巨大的，它主要表现在人类的物质生产和精神生产两个方面。在物质生产中，语言的作用不言而喻。人们凭借语言组织社会生产、协调生产活动、促进生产的发展。尤其是在世界经济和科技突飞猛进的今天，语言的作用显得更加巨大，它的应用技术（语音分析、外语教学、词典编纂、自动检索、机器翻译等）直接转化为生产力，为社会生产力的发展开拓了一个新纪元。

语言与社会的密切关系不仅使两者相互作用、相互影响，还自然而然地形成了一门新兴学科——社会语言学。社会语言学始于 20 世纪三四十年代，真正形成一门独立学科是六十年代的事情。它研究语言与社会的相互关系，运用诸分支学科以及社会学、人类学、心理学、哲学、数学、史学等方面的成就及其方法，对语言的社会功能，语言与种族，语言与阶级、阶层，语言与年龄、性别，语言与文化教育等等进行广泛的研究。这样，过去偏重于语言内部结构的研究，即静态的研究，就转到了语言结构外部的动态的研究，即把语言放在历史的、社会的语境中去研究。

三、语言和言语

语言和言语的问题最早是由瑞士语言学家索绪尔在《普通语言学教程》一书中提出来的。在语言学中它们是两个不同的概念。简单地说，语言是说话的工具，是一套符号系统，而言语则是运用这一工具说话的过程及其结果。这个过程就是言语活动，而其结果就是句子、篇章等，称为言语作品。

语言和言语的关系是对立统一的关系。换言之，它们是两个互有联系、互为依存的不同现象。要使言语为人们所理解，必须有语言，但是要使语言建立，也必须有言语；言语是露出水面的一小部分冰峰，语言则是支撑它的冰山，并由它暗示出来。语言既存在于说话者，也存在于听话者，但是它本身从来不露面。也就是说，在言语活动中，言语是语言的实体形式和代表，而语言是言语的概括形式和集合。语言要通过言语来表现，也只有通过言语我们才能观察和研究语言；从历史发展来看，包括语言整体的发生和个人语言的建立，言语的事实总是在前的，要经过无数次言语实践才能形成语言，对个人来说，总是听见别人说话才学会自己母语的；言语具有创造性，人类社会的语言变化是从个人的言语变化开始的，不断变化的言语促使相对稳定的语言逐渐演变。语言和言语是互相依存的，语言既是言语的工具，又是言语的产物。

语言和言语既互相依存，又有本质的区别。其区别主要在于：

（一）语言是一般的、抽象的概括，而言语则是特殊的、具体的体现

比如，我们说"树"这个词时，并不指具体的某一棵树，而是从千千万万棵具体的树中概括出来的，它只有在句子中才有具体的含义，比如"我们楼前有棵桃树"。再比如，音位具有辨别语音形式的功能，是从许多具体的实际的音品中概括出来的。同一音位在语流中却可表现为不同的音品。因此，语言和言语的关系一般表现为抽象和具体的关系。

（二）语言的封闭性和言语的开放性

语言的封闭性，指的是语言结构要素的各个单位及其规则的有限性。言语的开放性，指的是按照语法规则，利用数量有限的语言材料可以造出所需要的任何句子，其数量是无限的。

（三）语言是静态的，言语是动态的

从使用角度看，语言系统是社会共有的交际工具，因而是稳固的，处于相对的静态状态；言语是人们运用这个工具进行交际的过程和结果，是自由结合的，处于动态变化之中。从结构体系和形成连贯话语的角度来看，语言是离散的，它是分层次、有等级、非线型的，动态对它是无所谓的；言语则不同，它是连续不断的（单位之间有时界限不清，甚至难以划开），是线性动态排列的，即任何言语只能先后形成而不能同时说出。

（四）语言的内部潜存性和言语的外部表现性

语言存在于言语中，这是就语言的体现和人们认识语言的来源而言的。从另一个角度来看，可以说，语言是以潜在形式存在于社会全体成员的大脑中。这种潜存的语言不是天生的，而是人们从牙牙学语开始，在社会的言语活动中学习和掌握的（一般指母语）。人们经常在言语活动中将语言材料和规则记忆并储存于大脑中。可以说，每一个会说话人的脑子中都有、一个相对完整的词汇和语法规则的储存系统，在交际时可供选择、运用。言语是语言在交际中的外部表现，必须以声音（或转化为文字）为依托物。当然，每个人的社会环境、文化教育等各有不同，因此在潜存的语言材料中也含有某种差异，但总的来说是一致的。因此，有些人的言谈会带有个人的风格（造就个人风格当然还有别的因素），但可以做到互相理解。

（五）语言的习用性和言语的逻辑性

语言规则可分为聚合和组合两个方面。聚合关系多是指词的意义、形态方面的依别划类，组合关系多是指词和句子的结构方面的搭配联系。这些都是从具体的句子中概括、提炼而来的。比如我们在组词造句时，常常考虑这个词和那个词、这个句子和那个句子能不能搭配，能不能说得通，多是根据我们的语言习惯和规则来判断的。因此，语言要讲习用不习用（或合不合规则）。至于言语，除要受语言规律的约束外，还有一个与客观事物的逻辑关系问题。比如，句法规则告诉我们，及物动词和名词性补语可以构成动宾结构，表示动作和客体的关系。但是体现在言语中，除此之外，还要受到事物之间逻辑关系的制约。

大体说来，外语教学要解决两个问题：一个是外语这一交际工具的掌握，另一个是这一交际工具的运用。两者是紧密联系，互为依存的。要掌握好这一工具，必须循序渐进，使学生通过言语将现成的有限的语言材料和规则记忆并储存于头脑中。另一方面，要使学

生能运用大脑中潜存的语言，按一定的目的、要求以及情景，把思想内容表现为外部言语；或者将听到和看到的外部言语，通过大脑中习得的潜存语言模式，迅速理解其内容，其中关键在于使学生能以有限的语言材料和规则生成更多的具体句子。语言活动不仅表现在说和写，也包括听、读和译等方面。

第三节　语言文化的发展及学科分类

一、语言学的发展历史

（一）我国传统语言学

1. 我国传统语言学概述

我国和古印度、古希腊都是语言学的摇篮。在古代，我国人民便对语言产生了浓厚的兴趣，并开始从事语言的研究，我国的传统语言学诞生了。

我国传统语言学最初叫"小学"，是从对文字的学习和研究发展起来的。《说文解字·叙》说："《周礼》八岁入小学，保氏教国子先以六书。"所以，汉代人称文字学（六书）为"小学"。文字包括形体、声音和意义三个方面，后来这三个方面的研究逐渐发展成为文字学、音韵学和训诂学。因而在隋唐以后，小学便成为这三门学科的总称。宋晁公武说："文字之学凡三：其一体制，谓点画有衡纵曲直之殊；其二训诂，谓称谓有古今雅俗之异；其三音韵，谓呼吸有清浊高下之不同。论体制之书，《说文》之类是也；论训诂之书，《尔雅》《方言》之类是也；论音韵之书，沈约《四声谱》及西域反切之学是也。三者虽各一家，其实皆小学之类。"（《郡斋读书志》卷一）清朝末年，章炳麟认为"小学"这一名称不够恰当，提出应改称为"语言文字之学"。从时间上来说，我国传统语言学一般是指从先秦到五四运动这段时间的语言研究。"五四"以后，由于引进了西方的语言学理论，采用了新观点和新方法，使用了一大批新材料，扩大了研究范围，因而产生了与传统语言学很不相同的现代语言学。我国传统语言学又可以分为广义和狭义两种。广义的还应当包括我国境内各个民族在古代对语言的研究，而狭义的则专指汉族的传统语言学，我们这里采用后者。

我国的传统语言学大致可以划分为五个时期，每个时期都有各自的特点，但是各个时期并不能按朝代截然划开，因为学术史上的分期和朝代的划分并不总是一致的，而且每一时期不只是有一个特点，某些特点可以跨越几个时期。

第一期先秦时代，这是我国传统语言学的萌芽时期。这个时期是我国社会剧烈变化的时期。代表是不同阶级、不同社会集团利益的各个学派展开了激烈的争论和斗争，出现了我国学术史上百家争鸣的局面。先秦诸子所讨论的问题自然涉及语言方面。一般说来，先秦思想家的争论，主要集中在"名""实"关系上，即关于事物的名称与事物本身之间关系的问题。这个问题是语言学理论中的基本问题，因为它涉及语言的社会本质。因此，先秦的思想家在语言学理论方面做出了不可磨灭的贡献。其中，最杰出的是后期墨家学派和荀子。因此，先秦只能算作是我国语言学的萌芽时期。

第二期是两汉。这一时期在语言文字方面进行了比较全面和系统的研究，出现了一批语言文字学的专著，这完全不同于先秦时期对语言文字的零星论述和研究。这一切标志着我国传统语言学的正式建立。汉代的语言研究是由于当时阅读、整理和解释古代典籍的需要而产生的。汉代崇尚经学。由于语言文字的发展，汉代人在诵读先秦典籍时遇到了一些困难，因此，汉代经师为整理和注释古籍，进行了一系列的语言文字方面的研究。另外，当时的朝廷重视"小学"，也是汉代语言研究发达的原因。

第三期从魏晋南北朝到五代。这一时期语言研究的重点集中在音韵方面。汉末出现了反切的拼音方法，接着在反切的基础上产生了韵书。与此同时，在文字学和训诂学方面也有一定的成绩。

第四期从宋到明。这一期不但继续有一批韵书问世，而且分析汉语发音原理和发音方法的音韵学也发展起来了。此外，在文字学和训诂学方面也有不少贡献。古文字学和古音学也萌芽于这一时期。

第五期从清代到五四运动以前。这是我国传统语言学最光辉的时期，无论从研究范围和研究方法来看，文字学、音韵学和训诂学都得到了全面的发展，其成就远远超过以往任何一个时代。

2. 音韵学、训诂学和文字学

音韵学是我国传统语言学中的一个重要部分。它研究汉语的语音系统，着重分辨字音中的声、韵、调以及汉语语音在不同历史时期的分合异同。

音韵学萌芽于汉代。汉代经师开始使用一些专门术语来表示字的读音，例如"内言""外言""急言""缓言""长言""短言""读若"等等。东汉末年发明了反切的拼音方法，采用两个汉字来拼读另一个字的读音。反切上字的声母与所拼字的声母相同，它们是双声关系；反切下字的韵母和声调与所拼字的韵母和声调也相同，它们是叠韵关系。三国时代魏朝的孙炎作《尔雅音义》，开始系统地用反切注音，从此，反切大行于世。反切的出现，说明当时的人已经具备分析语音和重新组合语音的能力，这在音韵学史上具有划时代的意义。反切开了韵书的先河，以后人们类集反切下字，编定成书，于是韵书开始出现。最早的韵书是三国魏李登的《声类》，接着，晋代吕静仿照《声类》撰《韵集》。韵书的出现标志着我国音韵学的正式建立。据统计，魏晋南北朝各类韵书多达25种，但现在已经全部亡佚。

隋代陆法言撰写的《切韵》是中古时代最重要的韵书。《切韵》依据当时最著名的几位音韵学家的意见，基本上以当时的洛阳语音为标准，参考前人的韵书，兼收部分古音和方音而写成，是以后唐宋韵书的始祖，在音韵学上有崇高的地位。《切韵》原书已不传。据研究，全书共五卷，按声调排列，平声两卷，上、去、入三声各一卷，共分193韵。继《切韵》之后，又出现了《唐韵》，它是为《切韵》增字加注而写成的，原书今也不传。现在所能见到的最古老的完整韵书是宋代陈彭年等所修的《广韵》，它是为增广《切韵》而作的。全书仿《切韵》体例，分为206韵，收字2600多。《广韵》是研究汉语中古语音的依据，研究上古语音、近代语音，乃至现代汉语语音（包括现代汉语中各种方言的语音）都要把它作为重要的对比材料，是汉语音韵学中最重要的一部韵书。《切韵》《广韵》这类韵书的共同点是，分韵非常细密，所有的韵部统属于平、上、去、入四声之中。属于这一类的韵书还有宋丁度等人的《礼部韵略》《集韵》，金韩道昭的《五音集韵》，金人的《平水韵》，以及元熊忠的《古今韵会举要》等。《切韵》一系的韵书可以称为今音韵书。

元代周德清根据当时大都（今北京）的实际语音撰《中原音韵》，这是为满足当时北曲的需要而制作的。《中原音韵》纯粹以一个地域的语音为据，在描写语言学和历史语言学上都有很高的价值。《中原音韵》分19部。每部包含阴平、阳平、上声、去声，无入声。这一类的韵书叫北音韵书。属于北音韵书的还有元卓从之的《中州乐府音韵类编》、明乐韶凤等的《洪武正韵》、明兰茂的《韵略易通》、清樊腾凤的《五方元音》等。

韵书是依四声和韵部排列的，可以据此了解每个字的韵母，但不能依靠韵书了解每个字声母的情况。唐末沙门守温参照印度梵文的原理，制定30字母。守温30字母是对中古汉语声母的首次归纳，到宋代增加6个字母，成为36个字母。

在唐末已经开始按"等"分韵，宋代则是等韵学昌盛的时期。等韵学的目的在于审音。它以"等呼"来分析韵母的结构，以"七音"来分析声母的发音部位，以"清浊"来分析声母的发音方法。等韵学使用等韵图来拼读汉字的字音。图表内同一直行表示声母相同或相近，同一横行表示相同的韵母和声调，分两呼四等，相拼而成字音。最重要的等韵学著作有宋人的《韵镜》和《四声等子》、郑樵的《七音略》、杨中修的《切韵指掌图》以及元刘鉴的《切韵指南》等。

汉代以后，三国魏张揖撰《广雅》，这是继《尔雅》之后的一部重要训诂著作。唐陆德明的《经典释文》、唐玄应的《一切经音义》和慧琳的《一切经音义》也是著名的训诂专著。在注疏方面，孔颖达的《五经正义》和李善的《文选注》有很高的水平。

宋代的训诂著作有陆佃的《埤雅》和罗愿的《尔雅翼》。明代朱谋㙔的《骈雅》，收集材料十分广博。方以智的《通雅》有极高的学术价值。

清代训诂学的成就超越前古，这是因为清代学者懂得文字只是有声语言的代表，因而他们在训诂研究中能摆脱文字形体的束缚，"就古音以求古义，引申触类，不限形体"。这一时期训诂学有这样一些重要著作：王念孙的《广雅疏证》和《读书杂志》，王引之的《经义述闻》和《经传释词》，郝懿行的《尔雅义疏》，俞樾的《群经平议》《诸子平议》和《古书疑义举例》，章炳麟的《文始》《新方言》和《国故论衡》上卷。此外，段玉裁的《说文解字注》，朱骏声的《说文通训定声》也是训诂学的重要著作。

文字学以文字为研究对象，它研究文字的各个方面，尤其注意文字的形体、声音和意义之间的关系。严格说来，对文字形体的研究不同于对声音和意义的研究，它不属于语言学范围。但是由于汉字的表意特征以及大量的形声字的存在，声音和意义往往可以借助于文字的形体来研究，因而我国传统语言学把文字形体的研究也包括在内。

3. 我国传统语言学的独特性

我国传统语言学的独特性表现在五个方面。

第一，注重实用。从历史上看，中华民族喜欢研究实际问题，而不太喜欢作纯理论的探讨。语言研究也不例外。清人张之洞说："由小学入经学者，其经学可信。由经学入史学者，其史学可信。由经学史学入理学者，其理学可信。以经学史学兼辞章者，其辞章有用。以经学史学兼经济者，其经济成就远大。"（《书目答问·国朝著述诸家姓名略》）可见，过去人们研究小学，其目的在于通过它来研究经学，从而掌握当时的其他学问。我国古代语言文字方面的著作，大都是为了实用的目的而撰写的。例如，《说文解字·叙》说："盖文字者，经艺之本，王政之始。"《切韵序》说："凡有文藻，即须音韵。"扬雄《方言》是经过实际调查而写成的，描写了当时方言词语分布的情况，是我国第一部比较方言词汇的著作，其方法"简直是现代语言工作者在田野调查时记录卡片和立刻排比整理的工夫"，但他的写作目的竟是"其不劳戎马高车，令人君坐帷之中，知绝遐异域之语"。（扬雄《答刘歆书》）至于古音研究的目的，也在于通经，在于致用。顾炎武说："读九经自考文始，考文自知音始，以至诸子百家之书亦莫不然。"注重实用固然是个优点，但一切都以实用为目的却严重阻碍了理论方面的研究，因此我国传统语言学在语言理论方面始终没有太大建树。

第二，重视材料和观点的结合。江永说"凡著述有三难：淹博难，识断难，精审难。"（《古韵标准·例言》）淹博就是要充分占有材料，识断指具有正确的观点，精审就是掌握科学的方法。就是说，在研究语言文字的时候，先收集和整理大量的材料，然后在丰富可靠的材料基础上进行分析、比较、归纳，从而得到正确的结论。例如，扬雄为写《方言》，不辞劳苦，亲自大量地收集材料，加以排比整理，用了整整 27 年，临终时尚未完成《方言》一书。顾炎武为研究古音，收集了大量的语言材料，为证明"行"字在上古只有"杭"音，他的材料竟达 372 条之多。（见《唐韵正》卷五）

第三，重视对古代尤其是对先秦两汉的研究。在一般情况下，我国传统语言学是经学的附庸，研究小学的目的是为了通经。儒家的经典一般写于先秦，而最早的一批对经书的注释以及为读懂经典而撰写的《尔雅》《说文》等辞书、字书，则成于两汉。因此，我国传统语言学的研究对象主要集中在这个时期。只要统计一下历代的小学著作，便可以清楚地看到这点。过分重视对古代的研究，必然忽视对后世的研究，因此我国传统语言学始终存在厚古薄今的倾向。另外，我国传统语言学在多数情况下是经学的附庸，这就使它往往只具有语文学的性质，而没有发展成为纯粹的以语言本身为研究对象的独立的语言学。

第四，特别重视对文字的研究。我国古代语言学家在研究语言时，往往是从文字的角度出发的。汉字具有表意特点，一个汉字大体代表一个音节。在古代，一个汉字同时大体上也代表一个词。文字、音节、词在单位上的基本一致，给研究工作带来了方便，就是只要对个别字的音义进行研究，实际上也就研究了语言中词的音节结构和词的意义。汉字的表意特点还使词义研究往往可以借助于汉字字形的帮助，而大量的形声字则是研究上古语音的重要材料。这就决定了中国传统语言学特别重视文字的特点。文字学、音韵学和训诂学实际上都是围绕着文字的形、音、义三个方面展开的。这一方便也带来了消极的一面，就是由于过分重视文字的形体，往往没有把文字同语言的关系摆正，仿佛文字可以绕过声音而直接代表意义似的。因而在词义的研究上，往往被文字形体束缚，而不大重视通过语音来考察词义。这一缺点直到清代才得到根本克服。

第五，善于吸收外来研究的优点。在我国语言学史上，有两次大规模的外来影响。第一次是随着佛教的传入而受到印度语言学的影响。这种影响主要表现在音韵学方面。反切的兴起可能和佛教有关，而守温 30 字母和后来的 36 字母以及宋代的等韵图，则明显是受佛教文化影响的结果。第二次影响来自欧洲。自明末以来西方传教士来到中国，开始用罗马字母分析汉字的读音。清末马建忠的《马氏文通》则是仿照拉丁语语法写成的。至于"五四"以后所受到的西方普通语言学理论的影响，则是众所周知的事实。

（二）现当代语言学

1. 历史比较语言学

经过长期的探索，很多学者在前人研究的基础上对不同语言的历史进行了分析和对比，使人们对语言的认识前进了一大步。通常认为，语言学作为一门独立的学科就是随着历史比较语言学的出现而诞生的。

历史比较语言学采用历史比较的方法对语言之间的系统对应现象进行解释，从而揭示语言的历史渊源、语言的演变规律及其亲缘关系。

1786 年，在东印度公司任职的英国学者琼斯首先提出了梵语同欧洲古希腊语、拉丁语有着共同的来源这一观点，但他没能找出它们之间的语音对应规律，所以他的研究还不能算是真正的历史比较语言学。

从 19 世纪初开始，欧洲的许多语言学者广泛地调查了许多诸如梵语、希腊语、拉丁语、冰岛语等古代和现代语言，对它们的词形做了系统的比较，找出它们之间的语音对应规律，由此确定它们之间的亲缘关系。这些工作奠定了历史比较语言学的基础。

德国语言学家施莱歇尔在前人研究的基础上致力于古印欧语的重建工作，他提出了谱系树理论（Family Tree Theory）。该理论认为，一个语系就好像一棵树，亲语是树干，子语是树枝，构成一个谱系树。谱系树理论的提出是历史比较语言学的一大发展，一个语系从假设的原始母语逐步演变到各种语言的历史过程一目了然地展现出来。

19 世纪下半叶出现的以保罗等人为代表的新语法学派将历史比较语言学的研究又推进了一大步。该学派认为，历史比较语言学不应该只是对语言变化作简单的描写，而应该结合语言的使用者探讨语言变化的本质。语言变化的规律可以归纳为两条重要原则：一是语音规则无例外论，另一是类比原则。

历史比较语言学发现了语言的许多内部规律，为 20 世纪语言学的发展打下了坚实的基础。随着语言研究的不断深入，它的一些局限性也体现出来，如孤立地研究语言结构而忽视了语言的体系性，强调对语言现象的历史比较而忽视了语言的整体性等。到了 20 世纪初，语言研究在理论和方法上都酝酿着一场重大的变革，这就是结构主义语言学的兴起。

2. 结构主义语言学

进入 20 世纪，语言学研究有了突破性的进展。瑞士语言学家费尔迪南·德·索绪尔（Ferdinand de saussure）是现代语言学的重要奠基者，也是结构主义的开创者之一。1916

年瑞士语言学家索绪尔的著作《普通语言学教程》在他逝世后由学生整理出版，标志着语言学研究揭开了新的一页——结构主义语言学诞生了。

索绪尔强调共时语言学，而非历时语言学。后者建立在前者的基础之上，离开了对每一个时代的语言的研究，便无研究语言历史可言。在他的影响下，结构主义语言学着重分析和研究现代语言，在语言学领域取代了历史比较语言学的主导地位。

索绪尔还区分语言和言语。前者是一种符号体系，后者是实际使用的语言，语言作为一种符号体系，是概念和音响形象的结合。而这两者的结合是任意性的，它由使用语言的社会成员约定俗成。

索绪尔把语言看作一个由符号之间的关系组成的具有层级和结构的符号系统，语言中的一切单位，包括词和句子，都被看作是符号，每个符号都构成一个完整的、统一的系统，符号内部各成分之间存在着相互依赖、相互制约的关系，它们服从于自己特有的内在规律，受符号整体的制约，并且逐级构成更高一级的单位。语言系统分为若干层面，比如音位层面、词汇层面、句子层面、篇章层面，每个层面都有各自的结构关系，都可以相对独立地得到分析。语言符号系统中最重要的两种结构关系是组合关系和聚合关系。组合关系是横向的线性关系，它组织生成更高一级的语言单位；聚合关系是纵向的选择关系，它提供可选择的同级的语言单位。

索绪尔语言符号系统的思想奠定了现代语言学的基础，这一思想又被其追随者雅各布森、叶姆斯列夫、布龙菲尔德等人继承和发展，开创了布拉格学派、哥本哈根学派和美国描写语言学派等结构主义流派。结构主义极大地推动了语言学的发展：使语言学真正成为一门独立的科学。在结构主义的总体框架下，语音学、语法学和语义学都取得了丰硕的成果。

3. 生成语法

从 20 世纪中后期开始，结构主义语言学一统天下的局面逐渐被打破了。1957 年，美国语言学家乔姆斯基出版了《句法结构》一书，在语言学界引起了一场革命。乔姆斯基抨击了结构主义语言学的种种弊端，开创了生成语法学派。

乔姆斯基以心灵主义为理论基础，认为人脑有创造性运用语言的功能。人脑生来不是白板一块，而是具有掌握语言规则的内部机制，这就是语言能力。具有语言能力是人区别于动物的根本原因。按人类遗传规定人脑生来就呈现一种具有语言能力的生物——生理状态，这称为"初始态"，这种初始态就是普遍语法。大脑处于初始态时，尚未与某一具体语言相结合，孩子也并不会说话，但随着孩子的生长和周围语言环境的影响，初始态进入"稳定态"，普遍语法发展成了不同的个别语法。可见，人的语言习得是人脑固有属性和后天经验相互作用的结果。

正是出于普遍语法的思想，生成语法以语言的共性为研究对象，从归纳、描写个别语言事实转向演绎、解释语言的共同内部机制。在语言研究中，把对普遍原则的探索放在首位，尽可能地把个别语法规则纳入普遍语法的原则范围之内。个别语法看起来差别很大，但实际上却有着共同的深层生成机制。语言之间的共性是根本的，而差异相对于共性而言则显得微不足道。

如何才能弄清普遍语法的机制呢？人脑是一个黑匣子，只有通过构造模型并且不断对其验证修改的方法来破译这个黑匣子。这个模型是解释性的，而不是描写性的。这个模型以形式化为主要手段，并且具有生成能力，是一个输入—输出系统，可以输出所有可能句的语音描写式和语义描写式。这个模型虽然依赖的是具体的语言事实（如英语、汉语、俄语中的句子），但必然超越这些具体的语言而达到真正的普遍性。

总之，生成语法所追求的不只是为一种具体语言提供一个语法操作系统原型，还要为普遍语法提供一个理论模型。这个理论模型包括获得任何一种人类语言可能都要遵循的普遍语法原则和参数，一方面对语言共性具有解释力，另一方面又足以覆盖语言的个性。

生成语法自创立以来，经历了经典理论、标准理论、扩充标准理论、修正的扩充标准理论、管约论、最简方案这几个发展时期。虽然一直受到不同学派的批评，内部也有分歧，但生成语法学派至今仍是当代语言学中最有影响力的学派之一。

4. 功能主义语言学

语言本身存在着形式和功能两个不同的方面。生成语法侧重的是对语言的形式结构做出公式化的解释。但对语言功能的研究也同样是语言研究的重要方面，这正是功能主义语言学的研究领域。

语言研究中功能主义的方法最早见于 20 世纪 30 年代的布拉格学派关于语言功能的研究中。从 60 年代末开始，对语言功能的研究开始受到高度重视，功能主义语言学逐渐发展壮大。这一学派的代表人物有英国的韩礼德、法国的马丁内等人。功能主义语言学不像形式语言学那样有一个占主导地位的流派（生成语法），而是分为许多不同的流派，主要有布拉格学派、系统功能语言学、美国功能语言学、荷兰功能语言学、苏联功能语言学等等。

各种功能主义语言学流派都认为，语言是一种社会现象，其基本功能是交际和交流思想。因此，语言研究不但要注重语言的结构意义，而且更要注重词句与社会和文化的情景意义，即语言各单位在完成交际中所体现的功能。功能主义语言学的研究有两个主要任务：一是研究语言的使用，即描述语言被用来施行哪些社会功能，以及如何被用来施行这些功能的；二是研究语言的本质，即揭示语言的功能是如何决定语言的形式的。

生成语法和功能主义语言学从不同的角度对语言进行研究，两者是互补的关系，它们对促进现代语言学的发展都起着积极的作用。近年来现代语言学出现了许多分支学科和边缘学科，如数理语言学、计算语言学、社会语言学、心理语言学、认知语言学等等，它们都在不同程度上受到生成语法和功能主义语言学的影响。跨入 21 世纪以来，语言学进入一个多视角、多元化的时代，正以空前的速度向前发展。

二、语言学学科分类

（一）普通语言学和具体语言学

普通语言学是语言学中探索人类语言的普遍性质和一般规律的学科，它是建立在总结概括具体语言学研究成果的基础之上的。广义的语言学一般包括具体语言学和普通语言学，狭义的语言学专指普通语言学。

具体语言学以某一种具体语言为研究对象。例如：以汉语为研究对象的汉语语言学，以英语为研究对象的英语语言学，以俄语为研究对象的俄语语言学。

（二）语言学学科的宏观分类

依据研究的对象，语言学大致分为五类。

（1）从语言内部结构的角度对语言的研究可以统称为内部语言学。它包括：语音学、音位学、语法学、词汇学、语义学、修辞学、类型学等。

（2）从语言历史发展角度来研究语言的学科可以统称为历史语言学。它包括：语言史、历史语法、历史比较语法、标准语言史、词源学等。

（3）从语言在社会上的功能来研究语言而形成的学科称外部语言学。它包括：方言学、语言地理学、地域语言学、社会语言学等。

（4）从语言和其他事物关系的角度来研究语言而形成的学科称综合学科或交叉学科。它包括：心理语言学、认知语言学、数理语言学、国情语言学、民俗学、民族学等。

（5）运用科学手段来研究语言的学科（它是语言学知识在各个领域中应用的总称，它研究语言如何得到最佳利用的问题）称应用语言学。它包括：实验语音学、外语教育语言学、自然语言的计算机处理、词典编纂学、统计语言学、古典文献学、文字破译学等。

（三）语言学研究的微观分类

1. 研究语音和文字系列

（1）语音学（Phonetics）——研究语音的构成、种类、组合、语调等

语音学的研究可以分为三个主要分支：

①发音语音学（Articulatory Phonetics）——研究发音器官在发音过程中的运动。语音一般根据以下几点分类：唇和舌的位置、开口度、声带的振动与否；

②声学语音学（Acoustic Phonetics）——研究语音的物理属性，如语音在传递时的频率和振幅；

③听觉语音学（Auditory Phonetics）——研究听觉和语音感知。例如，一个听话者可辨析出送气和不送气、清音和浊音之间的区别等。

（2）音位学（音系学）（Phonology）——专门研究音位及其功能的科学（它本来属于语音学，现分离出来，独立成科）

所谓音位，是指最小的、不能再分割的、具有区别性特征的语音单位。比如，在英语中，pan（平锅）和 ban（禁止）的区别仅仅在于两个词的第一个音［p］和［b］的不同。

各种语言的音位数量不等。一般认为，英语有 44 个音位：20 个元音和 24 个辅音；俄语有 42 个音位：6 个元音和 36 个辅音。

（3）重音学（Accentology）——系统地研究重音的学科。

重首学中有两类重首是要区别清楚的：句子重音（Sentence Stress）和词重音（Word Stress）。前者是为了强调，把句子中的某个词读得特别响亮，如 I saw it.（我看见了）（意思是说你没有看见它，是我看见它的）。

2. 研究语法的系列

（1）词法学或形态学（Morphology）——关于词的语法学说

词法学的主要任务在于：①研究词的语法特征，确定词形式的语法意义；②揭示词形变化的规则，划定词的变格与变位的类别；③研究词所具有的语法范畴，确定其数量和性质；④研究词类问题，分析各种词类的语义与形式特征，制定划分词类的标准与规则，确定词的分类系统并揭示各种词类之间相互作用的规律。

（2）句法学（Syntactic）——研究句法单位的构成、句法单位相互间的联系和关系以及句法单位使用规则的学科。

句法学通常可有如下三个分体系：①词组学。研究词组的本质、词组的界限、词组的形式和形式变化、词组各要素之间表达的意义关系、词组的类型、词组中词联系的方式和手段、词组中的词序等问题；②单句学。单句是传递相对完整信息的最起码的单位，所以单句学是整个句法学中的核心部分。单句的任务是研究单句的本质和特征，句中词与词联系的方式，单句的分类，句子成分，单句的句子模式，单句的构成、意义和繁化以及单句词序等问题；③复句学。研究复句的本质和特征，研究单句借助一定的联系手段构成复句的规则，研究复句的类型、它们的形式结构和意义，以及复句繁化等问题。

（3）构词法（Word Formation）——研究词的形态组成和构成规则的学科（构词法原属词法学范畴）

各种语言的构词方法不尽相同。

（4）标点法（Punctuation）——研究书面语中标点符号及其作用规则的问题

标点法为人们进行书面交际的需要服务，它反映言语在书面上的意义、语调和语法切分。

标点符号按其作用的位置可分为句末的和句中的两类。属于前一类的是句号、问号和感叹号；属于后一类的是逗号、分号、冒号、破折号、括号、引号、省略号、顿号等。按其功能，标点符号也可分为两类：间离性符号和析出性符号。间离性符号用来把言语的一部分同另一部分间隔开来。例如，两个独立的句子用句号、问号、冒号或破折号隔开，复句各部分用逗号、分号、冒号或破折号隔开等。析出性符号用来表示嵌入结构、插入结构、呼语、独立成分和从句等，它必须成双使用：成双的逗号、成双的破折号或成双的括号等。

3. 研究词汇的系列

（1）词汇学（Lexicology）——研究语言词汇的一门学科

词汇学把现代语言词汇作为一个体系来加以研究，揭示语言词汇的性质、变化与规律，分析语言词汇中词汇、语义、修辞色彩等各种对立统一关系，从而加深对语言词汇的认识，提高正确运用语言词汇的自觉程度。

（2）成语学（Idiom）——研究成语的结构、语义特征、类型、来源以及修辞作用和功能的学科。

词的组合可分为两类：自由组合和固定组合。后者是一种特殊的语言单位，它像单词一样，当作现成的词汇材料完整地反复使用，而不需在交际过程中临时搭配。这种词的固定组合叫作成语。

成语的本质特征在于它的复用性（可以当作现成的语言单位完整地反复使用）、结构的固定性（其组成词不能任意替换，而且组成词的词序固定不变）和意义的整体性。

（3）词典学（Lexicography）——研究词典编纂的理论、原则和方法等的科学。

词典学研究的主要内容是词典的体系、类型、词典的编纂原则、方法以及词典的结构、内容等方面的理论和实践问题。

编纂词典的宗旨不同，词典的性质和内容也就各不相同。词典大致可分为两大类：百科全书和语言词典。

①百科全书（Encyclopedia）是全面介绍科学文化知识的参考书，收录各种专门名词和术语，按词典形式分条编排，解释事物、现象、事件以及人物、地方等。

②语言词典（Linguistic Dictionary）的对象是语言中的词和语，有的词典着重揭示词、语的意义、用法以及语法、修辞、词源等方面的特点，有的词典只标注某些特征，也有的词典只是把词按一定的原则归纳成系统，加以排列。语言词典一般根据两种原则进行分类：一是根据词典中使用的语种数量分为：单语言词典，双语言词典和多语言词典；二是根据收蓄词、语的范围和注释的性质分为：现代词典（综合词典，标准语词典，方言词典和科学技术词典）和历史词典。此外，由于收蓄词、语的范围不同，注释、排列的特点各异，还有外来词词典、作家词典、作品词典、同义词词典、反义词词典、缩略语词典、成语词典、谚语俗语名言汇编以及拼写法词典、读音法词典、常用词词典、倒排词典、教学词典等。

语言的词汇、语义、成语、构词、语法、修辞、语音以及词源等方面的研究成果是编纂语言词典的基础。语言词典实际上是上述各语言学科的综合与概括，它与语言的发展、语言理论的研究成就直接相关。

（4）专名学（Onomastics）——研究各类专有名词的产生以及发展历史的科学。

专名学是对所有专名的产生、发展、变化、运用、传播和构造的规律进行研究。它在方法论上同词源方法、历史方法、共时理论、区域分布理论、描写方法、统计方法、分类方法等有着密切的关系。

第二章 语言的本质和思维

第一节 语言的本质

一、语言是一种符号系统

（一）语言是一种音义结合的符号

1. 符号就是记号

符号是一种物质的、可感知的对象，它在认识和交际的过程中充当另一个对象的代表，其作用是被用来获得、储存和传达关于它所代表的对象的信息。

社会生活中，人们使用的符号是多种多样的，人们对符号的理解也有广义与狭义的不同。狭义的理解，指人们日常交际和思维中所使用的口头的或书面的语言符号，主要包括自然语言符号和人工语言符号。人工语言符号指某些学科所使用的、为了特别的需要而制造的符号。广义的符号是指在人们认识和了解对象的过程中能够传达信息的一切媒介物。它包括上述狭义的符号，还包括人们通过约定而赋予意义的一切符号，如红绿灯、旗语、信号树、帽徽等。

尽管符号五光十色、庞杂纷繁，但它们却有着共同的、根本性的特点。概括起来有以下几点：

（1）**客观性**

每一个符号都必须表示一定的客观事物，客观事物是符号产生的客观基础。符号所表示的客观事物可以是真实的，也可以是非真实的；可以是具体的，也可以是抽象的。如"树""桌子"这些词表示的客观事物是具体实在的，而"精神""科学"则表示了抽象的事物和现象。还有些符号单位是表示客观世界中不存在的，而在人们的意识中或想象中可以产生的事物或现象。

（2）物质性

任何符号都必须具备一定的物质形式，即符号必须有物质外壳。有声语言中的符号单位，都有其物质的声音形式；书面的符号都有其物质的图形与笔画形式。正是因为符号具有一定的物质形式，所以，人们接受它们、传递它们、分辨它们才有可能。有的符号虽在一个物质形式中代表了多个意义内容，即多义的符号，但它在具体环境中又呈现出单义性，因此不会在传受符号的过程中引起误解。

（3）具有意义内容

符号的作用是代表另一个对象，关于另一个对象的信息就是符号的内容。符号是信息载体，信息是符号的内容。某些事物或现象，如果人们赋予它意义，并且相互约定，那么它就负载着信息内容，它就是符号。否则，这些事物或现象就不是符号。总之，凡是符号，都有某个群体中人们共识的意义内容，不具备这一特点的任何事物或现象都不是符号。

（4）约定性

符号有其物质形式，也有其意义内容，要表示特定的事物、现象、属性等等。那么，某一形式是怎样与某一内容相结合的呢？某一形式为什么要与某一内容相结合呢？这要依靠使用符号的人的约定。交通灯的红灯表示"停"，绿灯表示"行"，本没有必然的内在联系，人们这样约定了，大家懂得它们的含义了，红灯、绿灯也就成为符号了。通常符号一经约定，就具有一定的稳固性。特别是大家常用的符号，必须具备稳固性特点，否则，朝令夕改，就失去了人们约定的意义内容，也就失去了作为符号的资格。在特殊情况下，也有不断更改形式或内容的符号，但它必须以约定性为前提。若是某个人打算随意改变符号的内容与形式，其结果只会造出没有约定性和稳固性的、绝不是符号的一些东西。

2. 语言是音义结合的符号

语言无疑是一种符号，它靠声音形式和意义内容的结合表示客观外界、社会生活和精神领域中的事物、现象、性质、关系等等。汉语普通话中，ren（人）的声音形式就表达了"有语言，有抽象思维，能制造工具并能使用工具进行劳动的动物"这一意义内容。当某种声音指称某种事物的同时，该事物的本身特点就赋予该声音以意义，从而形成了一种音义结合体，所以，语言是一种音义结合的符号。

3. 语言符号的特点

语言符号是人类使用的最重要的一种符号。它的特点：

（1）任意性

语言符号的声音形式和意义内容的结合是任意的，二者间没有必然的联系。尤其在语言形成之初，什么声音表示什么意义，没有也不需要有道理可讲。所以，汉语用 shu（书）表示"成本的著作"，而英语可用"book"（书）来表示，都是合理的。由于语言的形式与内容的约定是任意的，所以汉语和英语在它们各自的源头上就是不同的。正像一句名言所讲的：如果一开始把黑色的叫作白，把南称作北，那也都是正确的。

（2）线条性

所谓线条性，指的是语言符号在使用过程中，是以线条形式出现的。日常交际中，人们无论是听还是说，无论是写还是读，必须有秩序地将符号单位逐次排列才能实现语言符号的价值。语言符号不能以整体性的面貌出现，像作为奥运会标志的"五环旗"那样，以整体面貌出现在大家的面前。

（3）稳定性

上面我们已提到符号有稳固性的特点。如果说语言以外的符号一般具有形式与意义结合的稳固性特点的话，那么，语言符号则必须具备稳定性的特征。这是因为，一种语言是一个民族的全体成员世世代代共同使用的交际工具，经常的、突然的变化是使用这一语言的全社会成员所不允许的。大家可以试想一下，若是语言符号不具备稳定性，那么，这本正在被大家读着的语言学教材岂不是将成为无人知晓的天书了吗？

（4）发展性

从历时的角度看，语言的稳定性是相对的，而语言的发展演变则是绝对的。辩证唯物主义认为，世界万物都在不断发展变化着，语言自然不能例外。语言是人类社会的产物，因而是随社会的变化而演变的。语言发展演变的速度也是与社会的需要相适应的。这决定了语言不能突变又不能不变的特点。语言的发展通常是在不同时代的比较中才能觉察到的。

语言的稳定性和语言的发展性是辩证统一的关系，是分别从共时与历时两个不同角度来观察研究的结果。

（5）生成性

所谓生成性是指语言符号是一个开放的系统，它可以用有限的语言模式生成无限的语言成分和言语成分，如"红旗"是个偏正式词语，用这种偏正式的模式可以生成大量的语言成分，如"白菜""清水""伟大的学者""新买来的书"……认识语言符号的生成性特点，对于正确地把握语言构造的本质极为重要。任何一种语言的结构规则和使用规则都是有限的，但它可以生成无限的语言成分和无穷的言语作品。

语言所具有的特点绝不仅上述五点，这里只是择其要点而介绍。上述特点也不全是语言符号所独有，不少非语言符号可能具备其中某些方面，而语言符号却同时具备上述全部特点。这足以描绘出语言符号的个性。

（二）语言是一个符号系统

1. 系统

系统是指许多元素有机结合而能执行特定功能、达到特定目的的体系。这里至少涉及了三个要素，即系统的元素、系统的功能与系统的秩序。

语言是一个深奥、复杂的体系。它具备了系统的三个要素，毫无疑问是一个系统。语言系统的功能将在以后的章节中讲到。这里先讲解语言系统的元素和秩序。

2. 语言系统的构成元素

我们可以从三个层面上来考察语言系统的元素。从声音形式来看，它有音素、音位、音节等元素；从意义内容看，它有义素、词义、句义以及数、性、格、时、体、态、式等两类元素；从音义结合体的层面看，有词素、词、词组、句子、句群等元素。这些元素按一定的秩序组织起来，就形成了语言系统。

3. 语言系统的秩序

语言系统的秩序，体现了其内部的各种关系与规则。其中最重要的是层级关系、组合关系和聚合关系。

（1）层级关系

语言结构要素的各个单位，在语言系统中不是处在一个平面上，而是分属不同的层和级的。语言学界对层级关系有两种理解：一是认为小的语言单位构成大的语言单位时，原来的小单位是一个层级，由小单位直接构成的大单位又是一个较高的层级。如词素构成词、词与词构成句子，就形成了词素层级、词层级和句层级。二是把层级关系首先分成底层和上层，层之中（尤其在上层中）再分出不同的级。这样分析层级的结果是，底层：音位、音节等形式方面，上层：词素（第一级）、词（第二级）、句子（第三级）。这两种认识有一个共同点，即依据语言单位的结构，分别划定它们由小单位构成大单位，或由大单位包含小单位的不同层次和级别。

（2）组合关系

某一语言成分在言语中总要与其他成分相联结。可以相互联结的语言成分之间存在着组合关系。如"名词+们"是一种组合，"数词+量词+名词"是一种组合。就具体的词而言，又有它特定的词可以与之形成组合关系，如"同学"和"们"之间存在组合关系，可以说"同学们"，但"石头"和"们"之间就不存在组合关系，不能说"石头们"；量词"头"和名词"牛"之间存在着组合关系，可以说"一头牛"，但和"马"之间就不存在组合关系，不能说"一头马"。语言中的每一种成分都有它特定的组合关系。

（3）聚合关系

处于同一个层级上的语言单位，由于它们具有共同的特点，就可以形成为一种类别，这一类别中的各成分之间具有聚合关系。如"树""钢笔""排球""收音机""大学生"……可构成名词的聚合体，这些词之间在这个意义上存有聚合关系。有些词只有一个意义，从而可以构成单义词的聚合体。语言中的任何成分都可以根据具有的共同特点和其他成分形成聚合关系，如在语音中，"a""o""e"可形成元音的聚合体；在词素这一层级上，"和""河""盒""核""合""禾"等可构成同音词素的聚合体，"非""习""端""首""展"等可以构成非词词素的聚合体；在词组这一层级上，"努力学习""顽强拼搏"等可以构成偏正词组的聚合体，"国家富强""民族昌盛"等可以构成主谓词组的聚合体等等。总之，语言中每一种成分都存在于一种或多种聚合体中，因此，各个成分之间都具有聚合关系。

综上所述，语言成分都存在于一定的层级关系、组合关系和聚合关系之中。如果我们把语言比作一个机构，那么这个机构就是依靠这三种关系来组织和运转的。语言符号的层级关系、组合关系和聚合关系使得庞杂的语言成分和规则，形成了一个有章可循的系统。它们构成了语言符号体系的最重要的秩序。

4. 语言符号系统的子系统

一个庞大的系统，通常是由若干子系统构成的。通常所讲的语言的构成要素如语音、语义、词汇和语法就是语言系统中的子系统。它们自成体系义相互制约。语音是语言的物质外壳，它自身又是个极严整的系统。它含有构成系统的元素，也具有层级关系和组合关系、聚合关系等秩序。同时语音作为形式方面，离开了其内容方面——语义，便无法存在。语音和语义二者相互依存，又相互制约。此外，作为语言建筑材料的词汇，作为语言成分结构规则的语法，也都各自是语言系统中的一个子系统。

二、语言是人类最重要的交际工具

（一）语言是交际工具，具有交际功能

语言是应人类的交际需要而产生的，它的首要功能是被用来沟通信息，交流思想。说

话者通过语言这种工具发送信息，听话者也通过语言这种工具接受信息，从而达到交流思想和相互了解的目的。

在社会生活中，这种思想交流是极为必要的，也是大量存在的，没有这种交流活动，社会活动和社会生产将无法进行。因此，正常的社会生活，离不开社会交际活动，社会交际活动又要依靠语言这种交际工具来进行。语言就是作为交际工具，以其交际功能为社会服务的。

正确地认识语言的交际功能，还应注意两点：其一，使用语言进行的交际活动是说者和听者双方的相互配合的活动，而不单是说者或听者一方面的事。其二，交际功能是语言的基本社会功能。语言还有其他的功能，如作为思维工具的功能、调节情绪的功能等等。但它们都是交际功能的派生物。如果语言失去了交际功能，别的功能亦不复存在了。

（二）语言是最重要的交际工具

语言是交际工具，但不是人类唯一的交际工具。人类社会现有的交际工具还有许多，如电报代码、红绿灯、数理公式等，它们都起到一定的交际作用。然而，所有非语言交际工具，在社会传播活动中的重要作用远不能与语言相比。这是因为：第一，非语言交际工具无论是在交际的深度还是广度上，都无法与语言相比。它们要受到较多的条件限制，只能作为语言的辅助工具出现。当然，这并不是说语言可以替代非语言交际工具。第二，所有的非语言交际工具之所以能起交际作用，都是以语言的约定为前提。在这个意义上说，非语言交际工具都是在语言的基础上产生的，都是语言的代用品。在公海上，不同国籍的船只相遇之后打旗语进行交际，双方都能明白，是因为事先就用语言约定好了。

（三）语言是人类特有的交际工具

所有的人类社会都有这个社会所使用的语言。而人类以外的动物群体，即使是最先进的类人猿，也没有语言学意义上的语言。我们不能否认，人以外的动物也有交际工具，它们相互间也要表达某些意思。但是，它们的声音是含混的，声音的数量也极有限，能表达的意思是简单的。更重要的是，动物的交际像它们的呼吸、吃食一样，是本能的。而人类是在社会生活中学会语言的，人类的语言是社会约定俗成的、音义结合的符号系统，人类使用语言进行交际绝不是本能的。美国学者海斯夫妇曾专心训练过一只小猩猩，虽经多年努力，它却只"学会"了四个单词，并且发音不清。

人类语言的许多基本特点，是动物的交际工具所不具备的。比如：①人类语言相当明晰，语言内部各单位的界限与连接都很清楚。而动物的交际工具大都分不清内部结构单位。②人类语言是由音义结合而构成的符号系统，由语音、语义、词汇、语法等内部成分有机结合而成；依照一定的秩序，语言材料有着无限的生成性。尽管现代科学对动物交际行为的研究还有待于进一步开拓和深入。但从现有的结论看，动物的交际工具尚不具备上述特征。③人类语言可以被传授。任何一个正常的人都可以学会人类的一种或几种语言。而动物使用交际工具的能力，是与遗传有关的一种本能。所以动物的交际工具也不具备可被传授的特点。

有些动物（如鹦鹉），可以模仿人说话的声音，但是它们不解其意，也不用之来交际。这种现象并不意味着动物掌握了语言。

三、语言是思维工具

语言与思维有着密切的联系，这是人们早已成为共识的问题。但是，二者的关系究竟如何，认识却不尽相同。

（一）思维及其类型

1. 思维

思维是人脑反映客观现实的机能和过程。人们平日思考问题的活动，便是思维活动，思维的结果是形成观点和思想。

2. 思维活动的类型

（1）逻辑思维

这是运用逻辑形式来进行的思维活动。客观事物本质的特征和规律性联系表现在概念、判断、推理之中。这种思维形式是要以语言为工具的，从形成概念到完成判断、推理的过程必须借助语言的材料来实现。

（2）形象思维

这是指在意识活动中，用唤起表象并对表象进行选择性加工、改造的一种思维类型。文学艺术家创造艺术形象的过程中，经常运用形象思维；篮球教练员在设计比赛方案时，也要在想象中借助表象来分析赛场上的情形……形象思维在生活中是极重要的思维类型。

（3）顿悟思维（也叫灵感思维或直觉思维）

这是一种在潜意识中长期积累又在不知不觉中突然发生和完成的思维活动。现在对这种思维形式的机理研究得还不够充分，但它的存在是毫无疑问的。科学家为解决某一难题，可能历经数年的冥思苦索而无结果，但在无意间却恍然大悟、思如潮涌。这属于顿悟思维的活动。

人们在实际工作与生活中，思维活动的几种形式总是相互交叉进行的，而形成思想也往往是几种思维类型的相互补充使用而得到的。

（二）语言与思维的关系

无论何种思维形式，都体现着人类最重要的能力——思维能力；它们不可能与人类最重要的交际工具无关。从现在的研究成果看，语言与逻辑思维的关系最密切、最明显，也最直接。

第一，逻辑思维要以语言为工具。这一点早已为科学的实验所证实。人类的语言活动与大脑左半球的一些部位相关联，而控制语言活动的大脑左半球正掌管着逻辑思维的活动。一个大脑左半球出了问题的病人，在语言能力方面和逻辑思维能力方面会同时产生障碍。语言中的词是逻辑思维的材料，语法规则是逻辑思维的程序。

第二，语言中的词和句子等的意义内容是由逻辑思维赋予的，语言所具有的层级关系、组合关系与聚合关系是跟逻辑思维的活动模式相契合的。比如汉语中"树"这个词的意义，概括了全部的木本植物。这一概括活动是由逻辑思维完成的。一言以蔽之，语言与逻辑思维是相互依存的。二者各以对方为存在的前提。这一结论是就语言与逻辑思维关系的本质而言的，而这二者之间零碎而具体不相对应的现象，或者语言与思维孰先孰后的问题，都不是这里要讨论的问题。

（三）语言与思维的区别

上面强调了语言与逻辑思维的依存关系，即其统一性。但是，绝不可把语言与逻辑思维混为一谈。因为二者是不同的社会现象，是不同的科学研究对象，它们的功能、范畴和规律都是不同的。将语言与思维割裂开来和把语言与思维混同起来，同样都是错误的。

作为两种社会现象，语言和逻辑思维的区别是相当明显的。第一，思维是人脑的一种机能，其职能就在于认识客观世界，反映客观世界的规律；而语言首先是人类的交际工具，其基本职能是用来沟通思想、传递信息。二者职能不同。第二，思维是人有意识的、能控制的一种认识活动；语言作为逻辑思维的工具可以参加这个活动，但参加这个活动的工具与这个活动本身并非一回事。第三，思维是人类共同的，语言也是人类共同所有的，但是，语言有着十分明显的民族性特点，不同民族之间不能用各自的民族语言来沟通。而逻辑思维在本质上是没有民族差异的。因为，各民族的人们运用概念进行分析、综合、判断和推理的活动模式及活动过程是基本相同的。所以不同民族的思想（思维的结果）是可以跨越语言的障碍进行交流的。

四、语言的性质

从语言的本质方面观察语言的特点，最突出的两个方面就是它的社会性和全民性。

（一）语言的社会性

语言是一种社会现象。它的产生和存在都与社会有着不可分割的关系，因此，语言具有社会性。对于语言的社会性，可以从以下五个方面来认识。

1. 语言和社会相互依存

从语言、社会和人的产生看，应该说，这三者是互为条件、同时产生的。"人"在这里起着非常重要的作用。因为只有人才有语言，也只有人才能组成社会。现在我们仅就语言和社会的关系做说明。

首先，语言依附于社会，它随着社会的产生而产生。只有有了社会，才出现人类，才产生语言。类人猿没有我们所认为的语言，只有当类人猿从动物界分化出来变成了人类，形成了人类社会，这时，伴随着人和人类社会的出现，人类也就具有了抽象思维的能力，真正的语言才随着社会的产生而产生。

语言不但随社会的产生而产生，也随社会的发展而发展。从汉语的情况看，把古代汉语和现代汉语比较一下，就会发现它们有很大的不同。这就说明汉语是有变化和发展的，而且这种发展情况和汉民族社会的发展有着极为密切的关系。比如，在汉民族历史上畜牧业很发达的时期，相应地，汉语中关于畜牧业方面的词语就比较丰富，那时汉语中表示牲畜的名称就很细致、复杂。随着汉民族社会在农业、工业以及社会制度等方面的发展，汉语才逐渐地出现了与这些方面相适应的词。很明显，像"火车""电灯"等词，肯定在先秦时期是找不到的，同样，像"倒爷""打的""个体户""电子计算机"等词，在五六十年代也是不会出现的。这一切都说明了什么样的社会情况，在语言中就会出现什么样的反映，语言是随社会的发展而发展的。

语言也随社会的消亡而消亡。当语言依附的社会消失了，语言也会随着消失。这就是语言的消亡。例如我国南北朝时期，曾有讲鲜卑语的鲜卑族人组成的社会集体。他们还统治过中国北部，前后达 200 余年。当时鲜卑族人曾以鲜卑语作为国语使用。后来鲜卑人逐渐消失，鲜卑语也因此不再被人们使用而日趋消亡了。可见，语言的产生、发展和死亡都是依附于社会的，没有社会就没有语言。

其次，社会也离不开语言。人类社会从出现的时候起，就以语言作为它的存在条件。

社会的共同活动要靠语言来协调，社会的生产要靠语言来组织，社会的文化要靠语言来传播，社会的历史要靠语言来记载。一句话，社会的生产和生活，社会的一切活动都离不开语言。斯大林在《马克思主义和语言学问题》一书中说过："有声语言在人类历史上是帮助人们脱出动物界、结成社会、发展自己的思维、组织社会生产、同自然力量作胜利的斗争并取得我们今天的进步的力量之一。"如果"没有全社会都懂得的语言，没有社会一切成员共同的语言，社会就会停止生产，就会崩溃，就会无法作为社会而存在下去"。

2. 语言为社会服务

语言属于社会现象，一般说来，社会现象都是为适应社会发展的需要而产生的。就语言来说，它是为了适应社会的交际需要而产生的。它出现之后，就以其特有的交际功能积极地为社会服务。

3. 语言为社会约定俗成

语言随社会而产生，并存在于社会之中，为社会全体成员所共同使用。每一个社会都有自己的语言。这种语言是由使用它的社会成员共同约定俗成的。每一个社会成员都要使用社会上共同约定的语言，任何人不能随意加以改变。否则，人们就无法进行交际，语言也就失去了充当交际工具的作用。比如"跑旱船"，尽管它是在陆地上进行的一种文艺形式，但由于它还是以船的形象出现，人们就按照该社会的语言习惯，还是把它称为"船"，船是在水上行驶的，它却在陆地上活动，因而要加"旱"字予以修饰和限制。尽管如此，却不能把"船"改为"车"，因为用"船"表示物体形态，是受社会上约定俗成的语言习惯制约的。

当然，在语言使用过程中也会出现一些变异，在语言学中我们称它为语言变体，但是必须明确，这种变异也是为社会约定俗成的。尽管这种约定可能有范围或程度的不同，然而必须明确的是，这种变体在某个群体或某些社会成员的范围内，是大家所共同了解的，甚至有的变体已为全社会成员共同认可和使用。如当前在部分青年人中称"父亲"为"老爷子"；在讲普通话的人中，有的人发音还不够标准等，都是这种变异的表现。事实证明，这些变异在社会上仍能用来进行交际，原因就在于它们已被社会约定俗成了，否则，就会缺乏社会性，不被人们了解，起不到进行交际的作用，是不能成为语言成分的。

应该明确的是，许多语言成分开始产生时的确是出自个人的创造。因为语言的变化和发展往往是从个人具体运用语言的过程中开始的。应该怎样认识这种现象呢？观察语言实际，这种现象一般表现为两种情况。一种是某些个人在具体的语言运用中，根据社会的交际需要，创造出了新的语言成分。这些新的语言成分都是在社会原有的、被约定的语言成分的基础上形成的。它不但容易被人们理解，而且也容易为人们接受而共同使用。这样的成分虽是出自个人的创造，但它产生后，就会逐渐被社会承认并约定俗成下来，成为语言的成分，如"洗衣机"一词就是这种情况。"洗衣机"作为语言中的一个名词，是适应社会上表达洗衣机这一新事物的需要而产生的。最初使用它的人，就是在原有语言材料"洗""衣"和"机"的基础上，运用社会上共同应用的语法规律创制而成的。"洗衣机"产生之后，很快被社会共同使用和约定俗成下来，所以它就成了真正的语言成分。其他像"走后门"等俗语的形成也是这种情况。它们的产生和发展都是正常的、合理的，因为它们既适应了社会的需要，又为社会共同约定俗成。另一种情况就不同了，有的人在创制新语词时，虽然也以社会上原有的语言成分作基础，但它们在形式或内容上却违背了人们的语言习惯，不被社会所承认，因而也就不可能表达信息，进行交际。这样的语词就不可能成为语言的成分。可见，语言是为社会约定俗成的，语言成分的产生离不开社会共同承认的语言材料，它的存在更离不开社会成员的共同认可和使用。新产生的成分，尽管开始出自个人创造，但是一旦被社会共同承认和约定俗成下来，它就成为真正的语言成分了。

4. 个人语言要受社会制约

人类掌握语言的能力是先天的，然而能否掌握语言、怎样掌握语言、掌握什么样的语言，却要受到社会的制约。换句话说，一个人的语言能力转化为掌握语言的现实，完全是由社会决定的。首先，一个正常的人，虽然有掌握语言的能力，但是如果没有人类社会作为前提条件，他仍然不能掌握语言。如过去印度发现的"狼孩"就足以说明这个问题。印度的两个小女孩卡玛拉和阿玛拉，由于从小脱离了人类社会，在狼群中生活，所以她们就不能掌握人类的语言。其次，人们掌握语言，是要通过在社会生活的过程中逐步学习和掌握的。只有在社会中生活，才有交际的需要，会产生学习和掌握语言的要求；只有在社会中生活，才能够接触和了解社会共同约定俗成的语言，才能根据需要逐渐学习和掌握它。所以，只有生活在人类社会中，才能够把掌握语言的能力转化成掌握语言的现实。再者，一个人学习和掌握什么样的语言，也是受他所生活的社会制约的。一个汉族生活在汉族社会中，毫无疑问，他所学习和掌握的语言就是汉语。同样是一个汉族，出生后就生活在日本的社会里，那么，他首先学习和掌握的就是日语。一个广东籍的小孩生活在北京，他就会讲一口地道的北京话。一个北京人迁居广东后，也只能逐渐地学习和掌握广东话。这些都说明，一个人掌握和运用什么样的语言，是由他所生活的社会决定的，是要受到社会的制约的。他必须向社会学习语言，否则就无法进行交际，就无法在社会中生活下去。

5. 语言交际是集体性的社会活动

语言交际活动是为了满足社会的交际需要而产生的。没有人类的社会活动，就没有语言的交际活动。因此，语言的交际活动具有社会性。语言交际活动必须在说者和听者之间进行，因此这种活动又具有集体性。所以说，语言交际活动的本质是一种集体性的社会活动。

语言交际活动表现为一个过程。一方面，由于语言的线条性特点，使说者说出的内容和听者听到的内容都以线条的形式进行。有时有人只说了半句话，使人无法理解其完整的交际内容，就是因为以线条形式进行的交际中途而止，未全部进行到底的缘故。由此可见，说者和听者运用语言进行交际，都表现为一种过程。另一方面，分析交际活动本身，也呈现为几个阶段，因而也成为一种过程。人们一般都把交际活动分为五个阶段：第一，说话人想说阶段。即说者在认识客观存在的基础上，通过思维形成思想，同时又产生了要表达给听者知道的愿望。第二，说出阶段。说者把表达的内容，通过自己的发音器官，用语言形式变为现实存在的东西。第三，传送阶段。负载着交际内容的语音，作为一种物质的音波，通过空气为媒介传送给听者。第四，接收阶段。即听者通过自己的听觉器官接收到这些音波。第五，完成阶段。听者通过自己对音波所负载的信息内容的理解，知道了说者表达的内容和意图，从而完成了这一交际过程。

可见，语言交际是一个过程。在这一过程中，不仅心理因素、生理因素、物理因素等都起着重要的作用，而且社会因素更是必不可少的。没有社会因素作基础，没有对社会约定的语言的共同理解，语言交际活动是无法进行的。因此，我们说，语言交际活动是社会活动，它具有社会性。

也许有人会说，自言自语就是在个人范围之内进行的。这一点，我们并不否认，但是自言自语现象绝不能否定了语言交际活动的社会性。自言自语也是人们对语言的运用，不过运用语言的说和听两个方面，都是由一个人承担而已。另外，自言自语现象毕竟不是语言交际活动的本质的主要的方面，如果语言主要用于自言自语的话，也许社会上就没有必要产生这种交际工具了。

（二）语言的全民性

语言由社会约定俗成和使用，这就赋予了它具有全民性的特点。对这个问题，可以从以下三个方面作进一步的认识。

1. 语言为全民创造

语言作为交际工具，是由社会全体成员共同创造的。必须明确，这里所指的社会全体成员，即全民的概念，应该包含纵和横两个方面。所谓纵的方面，即指历史上世世代代的人们；所谓横的方面，即指某个断代社会中的所有成员。语言在社会全民中产生，在社会全民的共同使用中不断地丰富和发展。语言不断丰富和发展的过程，就是世世代代的社会全体成员不断创造语言的过程，在交际过程中他们不断地把一些新的语言成分补充到语言中来，使整个语言在全体成员的共同创新中得到发展。因此，我们说，语言不是哪一个人创造，也不是哪一个时代创造，更不是哪一个阶级创造的。语言是整个社会世世代代的人们共同创造的。

2. 语言为全民使用

全民创造语言的目的是适应社会的交际需要，所以全民创造的语言，又为整个社会世世代代的人们所使用。语言作为社会的集体财富，存在于全民之中，又在全民的共同使用中获得了生命。一种语言一旦不为全民使用，它就丧失其存在价值而宣告消亡。所以，有生命的、活的语言，永远生存在全民的共同使用之中。

3. 语言为全民服务

语言被全民创造出来以后，它就会一视同仁地为全民服务。不论哪个时代、哪个阶级、哪个阶层或哪个个人，只要使用语言，语言就可以为其交际服务。对使用者来说，有掌握和使用得好坏的问题；对语言来说，它对所有使用者都是一视同仁的。社会中这样的事例很多，无论什么人，只要努力学习，很好地掌握语言和运用语言，语言就可以更好地为他服务，完满地表达交际内容，完成交际任务。

由于语言的创造、使用以及它的服务范围等都与全民紧密相连，可以说，离开了社会上的全体成员，就无所谓人类的语言。因此，语言的全民性也是语言的本质属性。

五、语言的基础

（一）语言基础的概述

语言的基础是语言中最基本的核心部分。分析语言成分，其中基本词汇和语法规则部分就是语言的基础。因为：第一，任何语言，只要具备了由音义结合而成的基本词，就可以基本满足表达日常生活中基本事物、基本概念的需要，再用语法规则把这些基本词组织起来加以运用，就可以基本适应社会上必需的交际。第二，基本词汇和语法规则两个部分，由于社会上使用的范围广、频率高，所以它们的变化非常缓慢，因而这两个部分都具有稳固性。如汉语中的"人""山""水""火"等基本词，"主谓""偏正""联合"等语法规则都是很早以前就存在的，在漫长的历史发展过程中，一直被人们使用着，至今未发生变化。基本词汇和语法规则这两个部分是密切联系相互结合在一起的，正因为基本词表达社会生活中的基本事物的内容和基本概念，而语法规则是人们运用语言组成言语时不可缺少的手段，它们的结合，使用频率就高，使用范围也广，才使它们不易发生变化，从而形成了它们的稳固性。它们的稳固性也为这两个部分可以充当语言的基础提供了必要的条件。

为什么具有稳固性的成分才可以成为语言的基础呢？因为语言是一种为社会约定俗成的交际工具，社会成员都要经常不断地使用它，这就要求语言必须有一个相对稳定的模式，只有这样，人们才能够共同理解，在运用语言中才能有所遵循。

（二）语言基础的作用

每一种语言都有自己的基础，语言基础的作用一般表现在以下三个方面：第一，每一种语言都是在自己的基础上发展的。作为语言基础的成分，往往都是形成新成分的材料和依据。第二，语言基础可以决定一种语言的面貌。什么样的基础就会发展为什么样的语言，一种语言的特点和它的语言基础的特点是基本一致的。第三，语言基础存在与否可以说明语言的存亡问题。因为每一种语言都有它自己的基础，所以，语言基础的改变可以说明语言的改变，语言基础不存在了，也标志着该语言的消亡。反之，如果语言的基础在发展中基本没有改变，那么，尽管语言本身在发展过程中出现了这样或那样的变化，也仍然是一种语言的发展，而不能认为是变成了另一种语言。如现代汉语和古代汉语相比，似乎差别很大，但是观察其语言基础，就可以肯定地说，它们绝不是两种语言，而是一种语言——汉语——在不同阶段的发展中表现出的不同情况而已，因为它们两者的语言基础是相同的。

（三）语言基础的变化

尽管一种语言中基本词汇和语法规则的变化是十分缓慢的，但我们绝不能因此忽视了它们是发展的、变化的。就基本词汇而言，一个历史时期的基本词汇和另一个历史时期的基本词汇的具体内容是有差别的，这主要是由词汇内部的新陈代谢引起的。不但如此，基本词和一般词之间也是可以相互转化的，如有些基本词由于使用频率下降，从而由基本词成为一般词；反之，一般词也可以由于使用频率增高而成为基本词。这些变化进而会引起基本词汇的内容也随之发生变化，比如双音词和多音词的增加等。对语法规则的认识也应是这样。

第二节 语言和思维

一、语言和思维的一般关系

语言是人类社会的交际工具，也是人的思维工具。从种系角度而言，人类的语言和思维都有一个发生和发展的过程；从个体角度而言，从幼儿到成人，每个人的语言和思维也有一个发生和发展的过程。在这样的过程中，语言和思维互相伴随，紧密相连，形成一种难分难解的状态。但是语言和思维的关系究竟如何，却一直是一个观点纷呈、争议颇多的问题。归纳起来，主要有以下三种见解。

（一）认为语言和思维是同一个东西

美国行为主义心理学家华生认为，思维是无声的语言，思想只是自己对自己说话。大声言语所习得的肌肉习惯，也负责进行潜在的或内部言语（即思想）。后来的新行为主义者斯金纳也持类似看法。思想，仅仅是一种行为，语词的或非语词的，隐蔽的或公开的。他们把语言和思维都看作是一连串的刺激和反应，认为思维并不是脑的机能，而是全身肌肉，特别是喉头肌肉的内隐的活动。

（二）认为思维决定语言

17 世纪唯理主义语言学家也认为，人作为有理性、有思想的动物创造出语言来就是为了表达思想。现代西方不少心理学家仍坚持这一理论。语言是由逻辑构成的，无论从语言和思维的种系发生的起源史看，还是从语言和思维在儿童个体身上的发生形成过程看，逻辑运思都要早于语言或言语的发生；逻辑思维不仅早于语言，而且比语言更为深刻，因此思维对语言有决定作用。

（三）认为语言决定思维

国外的一些语言学家，如萨丕尔、沃尔夫等持此观点。在种系发展中，劳动及其所产生的语言是思维和意识产生的最主要的推动力；各种活动（包括动作）和语言是个体思维产生的基础。同时，心理学家也认为思维对语言的发展也起着反作用。那么，语言和思维的关系究竟应该怎样表述呢？

第一，首先应当看到，语言和思维属于不同的范畴。思维是人脑的一种机能，是人的大脑反映客观世界的过程。这个过程表现为一个逻辑过程，即遵循概念、判断和推理的思维规律来实现主观世界对客观世界的认识和把握。在思维过程的进行中，语言是它所凭借的材料。就是说，思维是凭借语言的材料（词的声音、意义、句子及其组织结构）才得以进行的。但我们不能据此就认为思维和语言是同一个东西，说自然语言（有声语言）就是说出来的思想（而且思想并不等于思维），内部语言是不出声的思想。因此行为主义的观点是不正确的。但是另一方面，把语言和思维看成形式和内容的关系也是不恰当的，因为思维既然是一个过程，它就不是内容，而是活动，思想作为这一活动的成果，才是内容；语言本身又不仅仅是形式，而是形式和内容（意义）的统一体。因此，把语言说成是思维或思想的"物质外壳"的说法也是不确切的，因为语言不仅有可感知的物质材料（声音），而且也包括可体会的精神内容。语言在充当思维的工具或手段时，物质材料和精神内容是共同参与进去的。既然语言和思维属于不同范畴，所以也并不存在"语言思维统一体"。即便是内部语言，也并不就是思维，不就是思维的物质外壳，它只是思维活动借以进行的、不能被外人感知的语言材料而已。

第二，同时也应当承认，语言和思维具有极为密切的关系。这种关系首先表现在，一般地说，思维无论就其过程而言，还是就其结果形式（思想）的表述而言，都离不开语言材料。即便是形象思维和直觉思维，也必须有词语的参与，只不过是比起逻辑思维来这种参与有时不易被正在思考的本人察觉而已（但文学创作时的形象思维同语言的关系比其他艺术创作的形象思维更为密切）。而无论何种类型的思维，当要把其形成的思想加以表述时，更非借助语言而不能为人所理解。造型艺术虽有些不同，但当要对其意蕴进行阐释时，仍少不了语言。就这一点说，"语言是思想的直接现实"，确实是至理名言。其次，无论就种系而言，还是就个体而言，语言和思维二者的发生和发展过程都纠结在一起，不可分离，语言的精密化、完善化过程也就是思维的精密化、完善化的过程。语言的形成和发展同思维的形成和发展具有相辅相成的关系，语言促进思维的发展，思维的发展对语言的发展又有反作用。就任何一个思维过程而言，思维质量对言语作品的质量有极为重要的影响，反之，语言形式的质量高低也直接关系到思维质量的优劣乃至思想表达效果的好坏。

二、语言和思维问题的文化学价值

（一）人类的语言思维是人类文化的开创者

在表现人的本质属性方面，思维比语言具有更重要的意义。现代文化人类学和心理学研究表明，在早期的原始人类社会中，可能存在一个前语言的阶段，这个阶段的人类思维属于动作思维和表象思维类型。现代人类社会尽管已经有高度发达的语言系统，但是儿童的语言能力仍不能通过遗传获得，而是儿童在语言社会中通过学习获得。幼儿在习得语言之前，已经具有一定程度的思维能力。这种广义的思维活动的能力，也存在于某些高等动物身上。但是与某些高等动物思维不同的是，人类终于创造了语言，学会了使用语言来进行思维。语言是一种符号系统，在人类所创造的各种符号中，语言符号是最为复杂和最为重要的一种。卡西尔认为人和动物的根本不同之处在于人能创造和使用（包括语言在内的）符号，因此，"应当把人定义为符号的动物"。一旦人类获得了创造和运用符号的能力，就使自己生活在一个符号的宇宙之中。于是"符号化的思维和符号化的行为是人类生活中最富于代表性的特征，并且人类文化的全部发展都依赖于这些条件"。符号系统的原理，由于其普遍性、有效性和全面适用性，成了打开特殊的人类世界——人类文化世界的大门的秘诀！一旦人类掌握了这个秘诀，进一步的发展就有了保证。就是说，人类的符号化的思维和随之而来的符号化的行为开创出了根本不同于动物世界的新世界——人类的文化世界。

（二）人类的语言思维是人类文化发展的推动力

思维的本质是一种认知性的符号活动，文化则是人类在这一活动过程中建立起来的符号系统。人类运用其独特的思维能力获得了对客观世界的认识，并运用所获得的知识改造了客观世界，同时又改造了人本身。人在求得生存生活的过程中创造了巨大的物质文明，也创造了巨大的精神文明，在这一创造的过程中使人本身变成了文化的人。文化发生发展的过程也就是人类发生发展的过程。在这个意义上可以说文化就是人化。文化的发展史就是人类本身的发展史，也是人类的语言思维和语言创造活动的历史。

既然人类文化的创造是以人类的语言思维作为前提条件的，那么人类语言思维的发展也就决定了人类文化的发展。人类文化的每一进步都是人类思维不断进步的成果。在这一点上科学技术发展同科学思维发展的关系表现得尤为明显。在人们的社会实践中，正是科学思维提供了客观世界的真实情况和运动规律，从而推动了科学的发展；而科学的发展，又对人类的思维提出了更高的要求。这种周而复始的螺旋式前进，使人类思维经历了一个从低级到高级、从简单到复杂、从具体到概括的发展历程。思维的每一变化发展和飞跃，对于当时的历史时代和社会来说所起的作用和影响都是巨大的，它是创造的源泉，它推动了社会生产力的发展和人类文明的进步。

正因为思维进步对人类科学文化的发展有如此重大的意义，在我们面临改革开放、实现现代化巨大任务的当代，如何改进整个中华民族的思维以适应变革时代的需要，已经成为一个日益迫切的现实问题。著名科学家钱学森已经提出建立一门思维科学的倡导。

（三）语文现代化、思维现代化和四个现代化的关系

我国的现代化事业刚刚起步，又立即面临着席卷世界的建立"信息社会"为目标的"第三次工业革命"浪潮的严峻挑战。这场革命的实质是智力革命、知识革命和信息革命，其特点就是发挥智力，创造知识。发挥智力，创造知识的主体是人，人的潜力是无穷的，关键在于如何培养和开发。现代化首先是人的现代化，没有人的现代化，没有思维方式的现代化，就没有国家的现代化，这已是有识之士的共同见解。文化学是研究人的科学。培养具有高度的现代文化素质和现代文化意识的人是文化学研究的现实目的。思维科学是培养人才的科学，它所要解决的具体任务就是提高全民尤其是青少年的思维能力和思维水平，以造就具有科学思维和创造性思维能力的适应现代化建设需要的一代新人。这就是思维问题同现代化之间关系的关键之所在，也是思维问题的文化学价值之所在。

思维的能力和水平的具体表现则是语言（包括外语）的能力和水平，即运用语言进行认识、表述和交际的能力和水平。科学思维的抽象性、逻辑性和系统性需要作为思维主体的人具有与之相适应的高水平的语文能力。因此，思维现代化问题就同全民语文水准的提高联系到一起。在这个意义上说，语文现代化就不只是语言文字的规范化、标准化问题，还应包括语文运用的能力和水平的提高问题。语文现代化、思维现代化同四个现代化已经形成具有因果联系的链条关系。这正是研究语言和思维关系的现实意义之所在。

三、语言和思维方式

（一）思维方式是文化模式的决定者

思维是作为主体的人对于独立于人的外在客观世界的认识过程，它表现为一系列复杂的心理活动。思维的最深刻的根源在于，人为了达到它所追求的生存目的和生活理想，首先必须从主观上实现对外在世界的把握和了解，并由此出发能动地决定自己对外在世界应取的态度和行为。外在世界由于其时空上的广大无际、存在方式的森罗万象、相互关系的复杂多变、本质规律的深玄难测，对于思维的主体——人来说，似乎永远是一个不便把握、难以破译的谜。人类在漫长的生存斗争、进化发展的历史中，经过无数次尝试、失败、成功，似乎隐约地感到了世界是一个具有广泛联系的统一体，人的认识可以从总体上加以把握，这种总体把握的方式有点类似把地球支起的"阿基米德支点"，有了它，认识

似乎就有了出发点。比如原始人的认识能力有限，他们不能把自身和其他事物从本质特征上加以区分，就以人作为出发点，把自然物都设想成和人一样，都是有灵魂的。"万物有灵"就成为他们看待事物的固定出发点，从这一点出发，就形成了原始思维的拟人化的方法。思维作为脑的机能，作为对客观世界的反映过程，它有自身的客观规律，但是如何进行思维，却常因认知者不同的条件和态度而异，于是就有种种不同的思维方法。当一定的思维方法在一定的社会范围内被普遍接受，就具有了稳定性，它可能被进一步结构化、模式化和程式化，从而使思维活动表现出条理性和规律性。因此，所谓思维方式，就是人类在认知过程中形成的带有一定普遍性和稳定性的思维结构模式和思维程式，它是思维规律和思维方法的统一结合形式。

一定的思维方式是在一定的自然条件和社会历史条件下产生的。某种思维方式产生出来后，也不是一成不变的，而是随着自然条件和社会历史条件的变化而有所变化。但是由于思维方式是一种比较稳定的思维结构模式和思维程式，它一旦形成，往往形成一种"思维定势"，或者叫作"思维惯性"，它是人们看待万事万物的具有普遍效应的方式方法。于是人们就按照这种一定的方式方法去获取知识，构造起自己的文化世界来。

（二）思维方式和语音特点

语音是语义的载体，是意义的物质外壳，语音和语义的结合具有任意性，它是使用该语言的社会成员约定俗成的结果。但这只是就一般意义而言。如果按照这一原则进一步推断，认为任何民族语音结构体系的形成纯属偶然，而没有丝毫道理可言，那么这样的结论就未免轻率，其可靠性就至少要打一半折扣。因为世界上各种语言的语音体系如此千差万别，如果我们把这种差别造成的原因仍然笼统归之于任意性和约定俗成，那就等于什么也没有说。因为任意性主要是指某一具体的意义不是必然地只能由某一声音来表示，它也可能用其他声音来表示，之所以它要用这一声音而不用另一声音，只不过是大家都这样而已。从具体意义和具体声音的关系而言，说语音和语义的结合没有必然性是可以的。但就整个语言的语音体系而言，它为什么会成为这个样子而不是另一个样子，则肯定是有某种历史的必然性在起作用。这种历史的必然性很可能就是作为文化内核的思维方式对语音的不自觉的选择。

根据语言研究，人的发音器官可能发出的音素的种类有数百种之多，如果加上元音的音强、音高和辅音的口形、松紧等因素，实际能发出的声音的数目还要大得多。但是一般的语言都选取其中几十个作为语音体系的构成要素。这几十个音如何组合，组合以后的总体面貌怎样，往往显示出很强的民族性。以汉语为例，从上古到现代，语音面貌有很大变化，但以下几个特点却一直保留：①每个音节由两个部分拼合而成，开头部分一般是辅音（声母），辅音之后是元音或元音同某个鼻/塞辅音的组合（韵母）；②每个音节都有由音高形成的声调变化，声调有区别意义的作用；③声母、韵母的拼合情况显示出严整的规则性；④各种语音范畴在构成聚合类的同时又表现出对称性的对立。

与汉语语音体系辩证统一的齐整性相映成趣的是日语的语音体系。日语以一些辅音同五个基本元音相拼，一律形成辅音在前元音在后的开音节，表现出一种单调、刻板的整齐划一性，它的重音是乐调重音，并不固定在某个音节上，不是音节本身的构成成分，只是由一个词内几个音节之间的音高的对比形成。日语语音缺乏汉语语音在整齐中求变化，既对立又能转化的内在机制。这种情况似乎同日本民族文化思维的特点有关。日本是一个缺乏文化创造精神的民族，在历史上一直靠吸收外国文化的乳汁来养育自身，古代日本民族的思维方式显得比较单纯、机械、刻板，基本上属于收敛式思维。日语语音体系的特点正是这种思维方式的写照。明治维新后，日本文化的表层面貌有了较大变化，但是作为文化内核的思维方式没有根本改变。日语的语音体系在此前早已形成，尽管在音译西方语词过程中新添了不少"仿拗音"，但仍然没有因受到国外文化的冲击而改变其结构模式和基本面貌。

同汉语和日语中比较严整的语音组合规则相对的是印欧语系中看起来似乎很不规则的语音组合。印欧语系语音组合的主要特点是：①元音和辅音在音节中没有像汉语和日语那样相对固定的位置；②复辅音较多，且可以位于词的任何部位（即复辅音的位置不固定）；③某些音节可以没有元音而独立成词（如俄语中的一些前置词）；④音节的长度差别较大，显示出参差不齐的特点。这些特点同西方社会中常见的发散式思维的特点相吻合。发散式思维不仅不要求一个问题只能有唯一的解决方式，而且容许甚至鼓励多种解决方式的同时并存。

思维方式影响了语音结构的特点，并不是说一种语言的语音体系是事先设计出来的。语音体系是语言在漫长的发展过程中自然形成的，它不可能由人按照一定模式设计出来。但是思维方式在一定社会中是一种"集体无意识"，它在冥冥中决定着语音的发展方向。当文字发明以后，文字读音的规定性对于语音发展的影响就更为明显。汉语上古时代曾有许多复辅音，汉字产生以后，由于"一个汉字是一个音节，一个音节由声母和韵母合成"的模式的影响，许多复辅音声母由于模式化类推的结果，最终都变成了单辅音声母。这是思维方式对于语音特点影响的最明显的例证。

第三章 英语教学的原则、技能与策略

第一节 英语教学原则

一、循序渐进原则

英语教学的循序渐进原则主要包括以下三层含义。第一，语言的学习应从口语开始，然后逐渐过渡到书面语。英语包括两种形式：口语和书面语，且口语早于书面语出现。与书面语相比，口语词汇通常较为常用，句子结构简单，学习起来比较容易。学生通过口语的学习可以尽快地获得交际技能，满足日常交际的需要，这样就达到了学用结合的目的。第二，就听、说、读、写等语言技能的培养而言，教师应该首先侧重培养学生的听说能力，逐渐过渡到读写技能的培养上。听、说、读、写是英语的四项基本技能，应该全面发展，但是在不同的阶段，侧重点应有所不同。听说教学能使学生掌握基础的语言知识，包括语音、词汇、句子结构等，这为读写能力的培养奠定了基础。因此，在英语学习的初级阶段，教师应加强"听、说"的教学，然后再逐步向"读、写"教学过渡。第三，英语语言知识、语言技能以及使用语言的能力的完成与提高是一个循序渐进的过程。学习英语是一个螺旋式发展的过程，需要反复的循环，但这种循环并非单一的重复，每一次重复在难度和深度上都有所提高。此外，循环往复要求教学中要做到以旧带新，从已知到未知。因此，教师应以学生已有的语言知识和已熟悉的语言技能为出发点，传授新知识，培养新的技能。

二、输入优先原则

英语教学要坚持输入优先原则。所谓输入和输出，是指学生通过听和读接触英语语言材料以及学生通过说和写来进行表达。语言输入的量越大、质量越好，语言输出的能力就越强。可见，输入是输出的基础。

外语学习中对待语言输入的三个方面特点的总结和归纳：第一，可理解性，是对所输入语言材料的理解；第二，趣味性和恰当性，指学习者对所输入的语言材料要感兴趣；第三，足够的输入量。足够的输入量在英语教学中也至关重要，但目前英语教学对此点有所忽视。

在英语教学中坚持输入优先原则要注意以下几个方面。第一，注重输入内容和输入形式的多样化。输入形式可以包括声音、图像、文字等，语言题材和体裁要内容广泛、来源多样。例如，利用在日常生活中每天都会接触的文具、衣服、道路标志、电器等就可以帮助学生潜意识中学到许多英语。第二，教师可以通过视听、听和读等多种手段，尽可能多地让学生接触英语，多给学生可理解的语言输入。教师应该打破课内外的界限，利用声像材料的示范、贴近学生日常生活和学习、适合学生的英语水平、具有时代特色的读物等，扩大学生的语言接触面，增加学生的语言输入，以利于学生更好地学好英语。第三，着重强调学生的理解能力，为学生提供的语言材料要切合学生的实际情况，具有可理解性与趣味性。向学生输入的材料要符合学生的现有水平，只要求学生理解，不必刻意要求学生即刻输出。从教学方法而言，这也坚持了先输入、后输出的原则。然而仅依靠语言的输入不可能掌握英语并形成综合运用英语的能力，还需要适当的口头和笔头的表达来检验和促进语言的输入。第四，鼓励学生进行模仿。有效的模仿是模拟生活中的真实情景，注意语言结构所表达的内容。换句话说，模仿最好是让学生身临其境去使用所要模仿的语言。例如，在结对练习、小组练习的时候，让学生根据实际情况使用所学习的语言，才能把声音和语言的意义结合起来，学生才会在课外运用所学语言。模仿是在优先输入语言的基础上，对语言进行的有效练习和输出实践。

三、兴趣性原则

在英语教学中，教师应意识到兴趣的巨大作用，尽可能调动学生的内在动机，激发学生对英语学习的主观愿望，以获得更好的教学效果和学习效果。在英语教学中，教师可从以下几个方面入手来调动学生的学习兴趣。第一，尊重学生的主体性，充分了解学生的特点。教师必须清楚地认识到学生是英语课堂的主体，学生通过积极主动的尝试与创造，才能获得认知和语言能力的发展，教学活动也才能达到预期的效果。教师要根据学生的心理和生理特点，遵循语言学习规律，采用多种教学方式，让学生通过体验和实践进行学习，从而形成语感，提高交流能力。第二，改变强调死记硬背、机械操练的教学方式以及传统的英语测试方式。英语学习需要一定的死记硬背和机械操练的活动，但是如果机械性操练太多太滥，则很容易使学生降低甚至失去学习英语的兴趣。为此，教师应该以学生感兴趣的方式帮助学生获取知识，使他们在获得交际能力的同时，综合素质也得到相应提高。第三，对教材进行深度挖掘。教师在备课过程中，应认真地研究教材，挖掘教材中学生感兴趣的内容与话题，使每节课都有让学生感兴趣的内容和活动，以最大限度地调动学生的积极性。

四、系统性原则

在英语教学过程中要遵循系统性原则，目的是使学生对所学内容能有比较系统、完整的概念，在各部分知识之间和新旧知识之间建立有机的联系，在消化所学内容时思路清晰而有层次。具体来说，系统性原则主要涉及以下几点。

（一）系统安排教学工作

英语教学工作的安排要有计划性，要求做到以下几点。第一，教师要有计划地备课。例如，一篇课文要上八课时，在备课时要一下子备完，不能今天上两节课就备两节课的内容，要一次备好。第二，教师的讲解要逐步深入、条理分明、前后连贯、新旧联系、突出重点，一环套一环，一课套一课，形成一个有机而系统的体系。第三，教学的步骤和培养技能的方法应该符合掌握语言的过程。要根据课程的最终教学目的，由易到难，逐步提高要求。第四，练习布置要具有计划性。要先进行训练性练习，然后再进行检查性练习。此外，练习的形式要具有体系性，相同的练习形式也要有不同的要求。第五，布置家庭作业和讲课的重点应当密切结合。每次作业要有明确的目的，课内课外要通盘考虑。第六，要经常检查学生掌握知识和技能的情况，每堂课要有一定的提问并作相应的记录，这可以对学生起到督促的作用。对于学生的平时成绩不能仅凭教师的印象来评定，因此平时对学生所做的口、笔头作业要有记录。

（二）系统安排教学内容

英语教学内容的安排要有严密的计划和顺序。例如，低年级英语教材教学内容的安排基本上应是圆周式的，对系统不要机械地去理解，切忌搬用科学的系统。教师应该按教科书的安排特点和班级的情况合理组织讲课的内容，确定讲课的重点。当出现一个生词时，不要急于一次把这个生词的所有意义、用法全部教给学生。当教授一条新的语法规则时，不要一次向学生交代有关这条规则的全部知识，要将知识分步教给学生。教学内容的安排应该服从教学的系统。这样才能由浅入深，由易到难，由分散到系统。

（三）系统安排学生学习

教师要指导学生进行连贯的学习。学习要循序渐进，要经常、持久连贯地学习。因此，教师在教育学生时要有恒心，经常及时地带领学生进行复习和做好功课。此外，教师还要指导学生正确处理好平时和期末的关系。必须向学生明确，即将学习重点放在平时，平时训练要从难从严。坚决反对那种平时学习不努力，期末考试临时抱佛脚、突击开夜车的做法。此外，教师还要经常关心和指导学生的学习方法，并针对学生的个人特点因材施教。

五、真实性原则

在英语教学中，坚持真实性原则就是要在教学各个环节上做到真实，以培养学生综合语言运用能力为总目标，以交际法和任务型教学为策略，在真实环境中获得真实语言能力。语用真实是真实性原则的重要内涵。

在英语教学中，教师要实现语用真实，应做到以下几个方面：把握真实语言运用的目的、采用语用真实的教学内容、设计组织语用真实的教学活动、设计语用真实的教学检测评估方案。

（一）把握真实语言运用的目的

英语教学的最终目的是培养学生的综合语言运用能力，这种能力实际上就是一种语用能力。这里的语用目的是指教学内容体现在语用能力方面的教学目的，主要表现在以下三个方面：①语句的语用功能目的；②对话语篇的语用功能目的；③短文语篇的语用功能目的。

（二）采用语用真实的教学内容

在教学开始之前，教师应从语用的角度对课文进行详细全面的分析，研究语句使用的真实语境，准确把握课文中所有语句的真实语用内涵，选用语用真实的例句与练习，这样就可以在教学前就指向语用教学，从而保证学生能够获得语用真实的英语运用能力。

（三）设计组织语用真实的教学活动

对学生语用能力的培养应贯穿于整个英语教学过程，因此教师应基于语用真实的指导思想来设计教学活动，将语用能力的培养与呈现、讲解、例释、训练、巩固等课堂教学活动紧密结合起来。

（四） 设计语用真实的教学检测评估方案

教学检测评估对教与学都具有重要的反拨作用。设计语用真实的教学检测评估方案，可以找出学生的语用能力存在的不足之处，从而对教学进行有针对性的调整与改进。此外，语用真实会引导学生在学习中更加自觉地把握学习内容的真实语用内涵，强化学生运用英语的自我意识。

六、课内外活动相结合原则

在教学实践中，要遵循课内与课外活动相结合原则，主要是因为二者之间存在的互补性，具体体现在以下两个方面。

（一） 课外活动具有自愿性和选择性

学生可以根据自己的兴趣爱好自愿选择参加感兴趣的活动。课内活动一般是非自愿的，也是无法自由选择的，课内活动必须按照规定的教学大纲有序进行，一般具有统一的课程和课时，这样可以保证全班同学在相同的教育过程中保持相同的步调，既有利于培养学生个性的共同点，又有利于学生系统地习得语言知识。而课外活动则基本上是以学生的兴趣为主，遵循学生的自愿性进行。

（二） 课外活动是真正以学生为中心

由学生独立进行和完成的教学活动，教师只是在有需要的情况下提供适当的帮助，因此课外活动更能发挥学生的主动性和独立性，更能培养学生自主学习的能力。相对而言，课堂教学活动则具有一定的局限性。尽管一直提倡课堂教学要以学生为中心，但实践起来并非易事，往往会遇到各种各样的实际困难。

根据我国高校的英语教学现状，为了更好地将课堂教学与课外活动相结合，发挥它们的互补作用，就要在优化课堂教学的同时，加强课外活动，具体可从以下两个方面着手。

1. 激发学生在课堂活动中的主体积极性

课堂教学实际上是教师与学生以教学影响为中介的交互作用过程，这个过程能否发挥交互作用效果，很大程度上取决于学生的主体积极性。因此，如何激发学生的主体积极性就成为贯穿于英语课堂教学始终的问题。

2. 减少课堂教学时间，提高课堂教学效益

就目前我国的高校教学来看，课堂时间总量太大，课外活动时间过少是普遍现象。学

生的潜能和优势得不到发挥，学生的创造性得不到锻炼，学生的综合素质怎能有效提高呢？因此，提倡高校应减少课堂教学时间，增加课外活动时间总量。与此同时，要提高课堂教学的效益，即师生以最少的时间和体脑耗费取得最大的教学效果，只有在减少教学时间的同时，提高教学效益才能保证整体的教学质量。

七、合理使用母语原则

在英语教学中，教师应当提倡学生多说英语、多用英语，但这并不意味着不能使用母语。在英语课堂上可以合理使用母语，利用母语优势帮助学生理解学习过程中的难点，这对提高教学效果有利无害。合理使用母语原则，包括在英语教学中利用母语的优势和避免母语的干扰两个方面。

（一）利用母语的优势

教师在英语教学中要学会利用母语的优势，借助汉语对一些词义抽象的单词和复杂的句子加以解释。英语学习是在学生已经熟练掌握母语之后进行的学习实践，学生在英语学习之前对时间、地点以及空间等概念已经形成，已学会了表达这些概念的语言手段，况且英汉两种语言在结构和使用方面也存在许多差异，这些语言文化差异往往会造成学习英语的障碍。因此，利用母语的解释可以帮助学生更快、更好地学习和掌握英语的某些概念。适当地使用母语进行教学，有助于学生理解母语和英语之间的差异，了解英语结构和规则的特点，有助于师生之间的顺利沟通和深化对语言差异的理解和消化，从而提高学习效果。

（二）避免母语的干扰

母语交际先于英语第二语言的学习且已基本上被学生熟练掌握。英语的学习是个相当复杂的过程，母语的使用习惯可能会给英语学习带来障碍。在学习英语的过程中适当使用母语，用母语简单讲授英、汉两种语言在某一结构、某一用法上的差异和特点是可以的。但对母语优势的利用一定要掌握一个"度"，避免将母语的使用规则迁移到英语的使用上。如果过多地或一味地使用母语，会在很大程度上给英语的学习带来不利。在英语教学里利用和控制使用母语，要注意以下几个方面。

第一，科学的发展、教学方法的改进和现代教学手段的运用，多用母语作为教学手段的效果日益减弱且劣势日益明显。英语教师结合现代化教学设备，运用更加直观的教学手段有更大的创造空间。

第二，在英语教学中，学生对所学英语词句的理解是相对的。理解包括知道这些语言现象及其隐藏在现象后的本质。在初始阶段，没有必要引导学生过分追求本质，这主要是由于英语的很多用法是习惯问题，很多情况用逻辑推理不通。例如，"看电影"用 to see a film 而"看电视"则说 to watch television。

第三，在英语教学中，教师应控制使用母语，尽量用英语上课。要充分考虑教师运用英语的能力、学生的理解能力和接受效果，教师尽量用教过的英语讲话，也可借助图画、实物、表情、手势等直观手段，也可以将关键词写在黑板上，使师生的交际能力在课堂教学中得到有效的提高。

总之，英语教学的过程要成为有意识地控制使用母语和有目的地以英语作为语言交际工具和媒介的过程，坚持合理使用母语原则才能更有效地优化教学效果。

八、最优化原则

在英语教学中，最优化原则体现在某一方面知识内容的教学中，在几种教学媒体都可用的情况下，选用教学效果最好的媒体；教法选择最优化；结构安排最优化；角色搭配最优化；具体运用最优化。针对在非母语环境下进行英语教学的现状，努力营造轻松自然的语言氛围，促进语言习得。因此，多媒体软件和课件要便于学习者操作和控制。具体来说，课件的内容、布局、导航图标性能、菜单功能设计以及学习者的自由度，是影响学习者操作和控制课件的主要因素。为了提高学习效率，减少学习者的焦虑感，增强他们的学习兴趣和信心，课件应该从学习者的需要出发，尽可能地使课件方便使用。

九、精讲多练原则

精讲多练原则既肯定了讲和练的作用，又明确了讲和练的地位。讲涉及的是语言知识，练涉及的是语言技能。下面进行具体分析。

（一）语言知识促进语言技能的培养

既然英语教学将交际能力作为培养目标，那么实践性就是英语教学的特点之一。在英语课上必须以语言实践为主，课堂上绝大部分时间要用于实践。但是适当地传授语言知识，可以帮助学生更好地进行实践，提高学习的效果。语言知识讲授的范围、深度、方法和时机，要由语言实践和教学的需要来决定。例如，大家都知道游泳的本领是在水里练出来的，不下水是学不会游泳的，但是在下水之前，教师讲一讲游泳的要领，分解一下游泳的动作，学生在水里练习时就可以进步更快。

在初级阶段的英语教学中，教材简单并且每课只包含有限的句型和单词，通过反复直接练习就能熟练地掌握。本阶段的教学重点是引导学生养成运用英语的习惯和正确的学习方法。语言材料的有限性，使语言知识的讲授对学生的学习没有多大帮助。当英语教学向高级阶段推进，学生需要学习更多的句型和单词时，教师就需要使学生利用单词或句子间的关联来学习，并且从一些语言材料里总结出语法规则。在这一阶段，语言知识的讲授对学生才能发挥出应有的作用。然而，此时还是要注意精讲多练，不能喧宾夺主。

在英语教学的后期，语言知识的讲授有助于培养学生的自学能力。不是所有一切都在规则的统领之下，有时候最常用、最简单的单词，往往具有不合常规的词形变化和发音规则。这就要求学生多模仿教师，教师不要急于引导学生过多地追问为什么。精讲多练是学习英语稳妥而有效的方法，但随着学习进程的推进和学习内容的复杂化，就很有必要通过适当地讲授一些语言知识来发挥思维理解的作用。

（二）语言操练交际化

语言操练并不等于语言交际，前者关注的是语言形式，使学生在语言操练里掌握语言形式；后者关注的是语言内容，使双方达到相互了解。例如，教师在课堂上举着书问"What's this?"学生回答"It's a book."这不是语言交际而是语言操练；当教师介绍了Abraham Lincoln 的故事后，问学生"What do you think about Abraham. Lincoln？Why do you think so？这不只是语言操练，还是语言交际。

1. 语言操练是交际能力培养的手段

英语教学中的语言操练包括以下三种练习形式：机械练习，如句型操练等；有意义的操练，如围绕课文或情景所进行的模仿、问答、复述等；交际性操练，如联系自己的生活实际，利用课文里的词句叙述自己的思想、表达课文学习后的体会等。这三种练习形式在难度、与语言交际的接近程度都在递进，体现出由操练到交际的进程。英语教学的目的是培养学生的英语交际能力，而不是使学生掌握语言形式。但是培养学生的交际能力，必须借助语言操练这个手段。二者对于英语教学目的的实现都非常重要，缺一不可。语言操练和语言交际相互联系、相互区别，有时没有明显的分界线。教师每次讲授新材料时，都要先进行机械练习，再进行有意义的练习，再进行交际性练习，使学生最后能运用所学的新材料进行交际。不能把语言操练和语言交际对立起来，而是要看到它们之间的联系，一步一步地将语言操练推向语言交际。

2. 将交际场合迁入课堂练习

教师应尽量将交际场合迁入课堂练习，使课堂练习接近语言交际。教师应该创造一定的情景，多给学生一些用英语进行交际的机会，鼓励学生带着表情和肢体动作进行英语交际，要像演戏一样将生活中的交际场合搬进课堂练习。在这个过程的开始阶段，性格严肃的教师和学生可能觉得不好意思，但是随着练习的增多，他们会逐渐习惯这种情况并觉得很自然。教师借助适当的表情、肢体动作进行英语交际，不仅能增加说话的力量，还能够激发学生的兴趣，帮助学生记忆，从而提高教学效果。

3. 将交际形式迁入课堂练习

教师应尽量将交际形式迁入课堂练习，使英语课堂教学模拟日常生活中的交际形式，为学生在日常生活中使用课堂上所学的英语创造条件。日常交际形式包括下面一些：问候、打招呼；会话；自言自语；讲故事；对人、物、画面的介绍；请求、命令；解释或说明事物或问题；演说、做报告；作文、写信。英语教学可以采用这些形式的课堂练习，课堂上将生活里常见的交际形式训练到自然的程度，学生的交际能力就会逐渐提高。

英语课堂的活动包括教师组织教学，讲解单词、课文和语法，布置作业，对学生进行奖评和考核，学生请教师解答疑难问题等，所以教师和学生不缺乏用英语进行交际的机会。教师要努力将所学英语用到师生间的交际中去，积极扩大使用英语的阵地，这样学生运用英语的能力和习惯才能养成。在注意课堂上用英语进行操练的同时，教师还要注意引导学生在课外活动和生活里使用英语。操练服务于使用，使用是对操练的检查和扩展。只有将操练和使用相结合，英语教学的目的才有可能实现。

第二节　英语教学技能

一、教学技能的概念、分类及训练方法

（一）教学技能的概念

教学技能是与教学活动密切联系在一起的。娴熟的教学技能能够帮助教师运用自己的专业知识和经验，开展优质高效的课堂教学活动，使学生在有限的时间内更好地掌握所学的知识和技能。相反，如果教师的教学技能生疏，即使他的专业水平很高也会让人觉得他肚子里有货倒不出来，不利于学生的学习。因此，任何一位教师都应当具备足够熟练的教学技能。

教学技能和其他的概念如教学能力、教学水平等相比，其突出的特点是其可训练性。

教学技能要符合可训练的要求必须满足一定的条件：①教学技能模式必须是对教师课堂教学行为的描述，而不是对教学提出概括性的原则要求。技能模式应该回答"做什么？怎么做？为什么要这样做？"的问题，使之实现可具体操作，通过外部活动可观察，通过示范可鲜明具体地展示出来。②教学技能模式中的教学行为应该是课堂教学中的基本行为，而不是宏观的综合的教学行为。③教学技能模式应该是依据教学活动的行为方式特点和教学功能的特点，对一类教学行为的概括。一项教学技能中的教学行为在行为方式和教学功能方面具有某种共性。各项教学技能之间有比较明确的界定。具有共性的一类教学行为便于集中描述、示范和模仿，可构成基本的稳定的教学行为模式。④教学技能操作规则系统的合理性则应由相关的教育教学理论来说明，实现理论对实践的指导，实现技能的教学功能的有效性。⑤每项教学技能应具有明确的培训目标和可观察的具体评价标准。

（二）教学技能的训练方法

教学技能的训练方法，是为提高教师的教学水平，形成其教学技能技巧而采取的手段。目前我国常用的训练方法有三种，即实习教学法、教学实践法和微格教学法。

1. 实习教学法

实习教学法是通过教学实习来训练教学技能的方法，一般是针对即将毕业的师范生进行的。使用这种方法时，由于教学所面对的是真正的学生，所以效果比较好。国内各师范院校普遍采用此方法。但使用这种方法，实习生很少有机会看到自己在课堂上的情况，因此不能有针对性地改正自己的缺点。

2. 教学实践法

这种方法是结合日常的教学实践，训练在职教师教学技能的方法。

3. 微格教学法

微格教学译自英文 micro teaching，是为了培养师范生和提高在职教师的教学能力，借助现代化的视听工具、训练教师教学技能的一种方法，又被译作"微型教学"、"微观教学"或"小型教学"。经过多年的发展，它的训练过程已形成了一定的系统模式。微格教学一般包括下面几个步骤：

（1）训练前的学习和研究：学习的内容主要是微格教学的训练方法、各项教学技能的教育理论基础、教学技能的功能和行为模式。

（2）提供示范：通常在训练前结合理论学习提供教学技能的音像示范，便于师范生对教学技能的感知、理解和分析。

（3）确定培训技能和编写教案：每次训练只集中培训一两项技能，以便使师范生容易掌握；微格教学的教案具有不同于一般教案的特点，它要求说明所训练的教学技能，并要求详细说明教学设计中的教学行为是该项教学技能中的什么技能行为要素。

（4）角色扮演：在微型课堂中，十几名师范生或进修教师，轮流扮演教师角色、学生角色和评价员角色，并由一名指导教师负责组织指导，一名摄像操作人员负责记录（可由学员担任）。一次教师角色扮演为 5 至 15 分钟，并由摄像机记录下来，评价员填写评价单。

（5）反馈和评价：重放录像，教师角色扮演者自我分析，指导教师和学员一起讨论评议，将评价单数据输入计算机进行定量的综合评价，或将弗兰德斯的师生相互作用分析记录输入计算机，进行师、生各自作用和相互配合作用的分析。

（6）修改教案后重新进行角色扮演：对反馈中发现的问题按指导教师及学员集体的建议性意见修改教案，经准备后进行重教。若第一次角色扮演比较成功，则可不必重教，直接进行其他教学技能的训练。

由于这种方法针对技能项目进行了分解，并且有录像提供真实的记录，因而能够帮助师范生及时、客观地进行自我反馈，理解和拿捏每一项技能。该方法比较受欢迎，并已在世界各地的师范教育中得到普遍使用。在我国，这种方法的使用也越来越普及。

二、导入技能

导入技能是指教师在课堂教学开始或某个教学活动开始时，引导学生迅速进入学习状态的行为方式。俗话说，"好的开始是成功的一半"。在英语课堂教学中，好的导入可以引起学生注意，激发学生的学习兴趣和求知欲望，引起学生对所学课题的关注、使学生迅速作好听课的心理和知识准备，为进入新课创造有利条件。

（一）导入的功用

1. 集中学生的注意力

学生活泼好动、在课前常有各种各样的活动，思绪也是分散的。上课后，虽然有组织教学环节的调整，但他们的思绪还不能完全集中到新课上来，不能很快进入学习状态。如果教师直接开始平铺直叙地讲课，在开始阶段很难收到应有的效果，同时也会影响后面的教学。在这时，如果教师能够运用巧妙的方法导入新课，无疑会造成一种新的气氛。这种气氛将使学生的注意力很快集中起来，并迅速进入新课的情景或意境之中。

2. 营造良好的学习气氛

在英语课上，良好的课堂气氛很有必要。各种形式的课堂导入都相当于一个 warming-up-exercise，它有助于营造一种既轻松又热烈的课堂气氛。在这样的课堂气氛中，学生的情感过滤是小的，师生之间是和谐的，因而教学效率是高的。种种成功的教学方法的共同特点，就是课上课下教师和学生之间的高度和谐。

3. 引发学习兴趣

兴趣是学习最好的老师，是学习动机中最现实、最活跃的成分。如果教师采取得力的课堂导入方式，在课堂的一开始就会引发学生的学习兴趣，唤起他们的学习积极性。在这种精神状态下的学生能够全神贯注、思维活跃，因而也就会有高的学习效率。

4. 激发认知需求

在课堂导入中、教师用种种方式将学生置于新的环境中，无论是新的语言知识的呈现，还是某项言语技能的介绍，或是某种运用能力的期待，都会激起学生在原有认知结构基础上的新的认知需求。在导入时，教师要善于建立新的教学内容与学生原有认知结构之间的联系，使学生明确新的教学内容对自己的认知需求到底是什么。在导入中，教师一般应设法造成原有认知结构与新的教学内容的对峙，并使这种对峙表面化，激化，使学生进一步意识到自己认知上的差距。

5. 明确学习目标

在上课一开始的导入阶段就指出本堂课的要点和重点，有助于学生明确教学活动的目标和任务，使教学有不错的效果。

6. 有利于以旧引新

在课堂导入阶段，教师常引导学生复习旧知识，然后引出新知识。旧知识是学习新知识的铺垫。

（二）导入的形式

英语课堂教学中的导入常有以下几种形式：

1. 旧知识导入

由旧知识导入是中学英语课堂教学中一种常用的方法。教师可以由检查和提问旧知识开始，通过新、旧知识之间的结合点过渡到新知识的讲授，这样可以自然地把新知识纳入原有的认知结构，降低学习新知识的难度，使学生感到新知识不陌生。学习是循序渐进的，学生只有理解和掌握了较低层次的知识，才能理解和掌握与此相联系的较高层次的知识。英语课上教师所传授的知识也应当是循序渐进的。比如，如果本节课要教一般过去时，就可先领着学生复习一般现在时的有关知识，然后过渡到新课。这样，不仅有利于学生的理解、记忆，还可使语法知识系统化，有助于学生知识结构的形成。

2. 实例导入

英语教师如果能从学生实际生活中选择学生熟悉的或关心的实例导入新课，往往能使学生感到亲切、实用，容易引起学生的兴趣，吸引学生的注意力，使学生的思维活动和情绪与教师的讲授融合在一起，造成良好的课堂气氛。如在讲到与 sports 相关的内容时、教师可以联系校园中或者国内外正在进行的体育比赛导入新课。

3. 直观演示导入

在英语课堂教学中，教师可以利用板书、版画、图片、幻灯片、实物、录音、录像以及多媒体等教具创设情景，吸引学生的注意力，然后经过分析和提问引起学生的思考，自然而然地导入新课。这种由表及里、由浅入深的导入方法符合人们的认识规律，容易被学生接受。而且这种方法生动直观，有利于学生理解新的学习内容。课文的插图为学生对课文内容做出合乎情理的推测提供了直观的线索，也可以引起学生的种种联想。教师在让学生阅读之前，花一两分钟的时间引导学生根据插图猜想课文内容，也有助于提高学生的兴趣并加深对课文的理解，产生文字信息不可比拟的效果。

4. 故事导入

学生都喜欢听故事、教师可以利用这一点，用讲故事的方式导入新课，这样不仅可以吸引学生的注意力，为新内容的讲授作铺垫，还可通过故事本身使学生练听力，获得更多的语言感受。如在讲授爱迪生一课时，教师可以事先收集一些关于爱迪生的故事，上课时用简单、生动的语言讲述这些故事。这样，不但服务于课文学习，还使学生增长了多种背景知识，提高了综合素质。

5. 歌曲、游戏导入

有经验的教师往往善于利用学生活泼好动的特点，在课堂教学的一开始，用游戏或教唱英文歌曲吸引学生的注意力，活跃课堂气氛，然后在恰当的时候切入新课。一支歌或一首小诗能以其韵律、节奏或抒情使学生的情绪很快高涨起来。因此，歌曲或游戏不失为小学或初中英语课导入的一种好形式。

6. 设疑和悬念导入

上课一开始，教师可以通过提问造成悬念，引起学生的好奇心和求知欲，使学生带着问题去听课或者阅读文章。这样可以提高学生的听课效率和阅读的速度，更快更好地获取信息。如在阅读教学中，教师常常在导入阶段引导学生对即将阅读的材料进行预测。这样，学生在阅读的过程中就会迫不及待地去验证自己的预测是否正确，因而阅读效率很高。有资料表明，预先推测材料的内容，揣摩作者的思路，尽力与作者沟通，会使阅读难度大大降低，阅读质量会相应提高。因此，在阅读训练及在课文教学中、引导学生充分运用预测这一技巧，激发学生的阅读兴趣，使他们在阅读和理解的过程中保持良好的心境，会有效地提高学生的阅读理解能力。

（三）导入技能的运用原则

1. 导入目的要明确

不论使用哪种导入方式，都应当有明确的目的。为达此目的，用于导入的故事、图片、游戏、歌曲以及所采用的语言材料都要与课堂教学内容密切相关。否则，导入形式再新颖，也不会有好的效果。

2. 能引起学生兴趣

兴趣是新知识的"生长点"。学生学习有兴趣，就会全神贯注，积极思考。所以，"善导"的老师，在上课一开始，总是千方百计使导入能使学生产生兴趣，诱发学生的求知欲，使学生有一种力求认识世界、渴望获得知识、不断追求真理的志向。存了强烈的学习兴趣，学生才会如饥似渴地学习，迸发出极大的学习热情。

要使学生产生兴趣，就要努力使导入具有趣味性，有一定艺术魅力，能引人注目，幽默风趣，最好能造成悬念，引人入胜。这个魅力在很大程度上依赖教师生动语言的运用和其应有感情的投入。

3. 结合教材、学生特点，导入方式要灵活

任何导入都应是自然的，循序渐进的，而不是生硬的。导入也不应该是千篇一律的，应让学生总感到新颖，有新意。要做到这些，就要结合教材和学生的特点，努力采用灵活的导入方式。

4. 要有启发性

不管采取什么导入方式，都要力求有启发性。无论采取设问、悬念等等，都要努力做到激其情、引其疑、导其思。

三、设计与组织课堂活动技能

根据英语课的特点，中学英语教学目的和课堂教学内容的需要，英语课堂上需要开展

大量的各种类型的活动。教师设计与组织课堂活动技能就是指教师设计与组织这些活动的技巧与能力。

英语课有很强的实践性。要培养学生运用英语进行交际的能力靠"教师讲、学生记"的教学方式是不行的。要掌握语言就必须实践，即让学生积极参与语言实践活动。只有在大量的课堂语言训练和言语交互活动中，学生才能逐步领会、掌握所学的知识，发展听说读写的基本技能、逐步提高语言运用能力。

（一）常用的课堂活动类型

广大英语教师在长期的教学实践中创造了多种多样的课堂教学活动形式。根据不同的标准可以将这些活动分为不同的类型。

1. 根据组织形式的不同，可将课堂活动分为三种类型：

（1）个体活动

个体活动是一种常见的课堂活动方式。它又可以分为两大类。一类是所有学生都参加，却各自独立进行的活动。活动是培养学生阅读能力和听力必不可少的，同时还能锻炼学生独立思考的能力。另一类是一个学生参与、其他学生旁观的活动，如让学生单独回答问题、朗读或复述课文或者到讲台上表演。这类活动的主要目的是检查学生对所学知识和技能的掌握情况，或者是通过这种方式进行示范，同时给学生一个展示自我的机会。但是这类活动涉及面窄，不容易集中其他同学的注意力，不能最大限度地让学生参与课堂交际活动，因此在课堂上此类活动不宜用得太多。

（2）小组活动

这类活动的特点是增加了学生在课堂上开口说英语的机会，并且有助于消除一些心理障碍，使那些性格内向、腼腆的学生得到锻炼。小组活动对于提高学生的口语以及同他人交流的能力有很好的作用。教师应当在课堂上多组织一些小组活动。

小组的规模不宜过大，一般以2~6人为宜，成员的组成可以在一段时间内是固定的，也可以根据需要有所变化。活动的内容多种多样，如让学生分角色朗读课文：就课文、录音或录像内容做问答练习；用所给的句型编对话；就某一话题展开小组讨论。

（3）全班活动

全班活动的最大特点是容易激发学生的学习兴趣，活跃课堂气氛，从而形成课堂活动的高潮。全班活动的形式一般有竞赛、游戏、猜谜、讨论、辩论等。有许多时候，个体活动、小组活动和全班活动不能够完全分开。教师可以将三种活动配合使用，发挥各种活动的优势、以求课堂活动的最佳效果。

2. 根据课堂活动层次的不同，可以把常用的课堂活动分成以下三种类型：

（1）机械性活动

机械性活动是最初级的英语课堂活动，是指学生不用多加思考就能进行的模仿、记忆新语言材料，套用新语言结构的活动。其特点是模仿性、重复性强。这类活动的目的是通过大量的、反复循环的机械操练，帮助学生有效掌握英语的语音语调，复习、巩固所学知识。各种形式的跟读和替换操练都属机械性活动。

在英语教学的初级阶段，机械性活动是必不可少的操练方式。如果没有大量的模仿、重复和套用，学生就不容易熟练掌握新语言材料，就会妨碍下一阶段复用性和交际性活动的正常开展，影响整个教学过程。

机械性活动容易令学生疲劳和厌倦，因此教师要根据情况不时地变换活动方式和方法，以保持学生的学习兴趣。例如，跟读就可分为跟教师读和跟录音机读。

（2）复用性活动

这一层次的活动要求学生在熟练掌握有关词汇和句型的基础上，按照固定的句型，或在规定的范围内准确地重现英语。它是在教师指导下进行的有控制的口、笔语练习，一般围绕学过的语言材料进行，但学生要根据需要适当做一些变换。复用性练习应用非常广泛而且形式多样，常用的活动有：套用替换练习、问答练习、复述、看图说话、口头作文、用课文中所学的词组造句等。

教师可以先利用课文中的人物或某个学生进行示范，然后让学生做。应该要求学生按照实际情况回答问题。

（3）交际性活动

交际性活动是最高层次的课堂活动，是综合性、创造性、实用性的英语练习，是遵循英语的交际性原则对所学的内容的创造性运用。它要求学生灵活地运用所学的英语，在真实的情景中表达意见，交流思想。课堂英语讨论、对课文内容发表评论性意见、就某一问题展开辩论等都属于交际性活动。教师还可以为学生设计情景，规定角色，让学生进行模拟情景会话练习。

交际性活动成功的关键是在交际双方之间要存在"信息沟"，若交际双方分别掌握不同的信息，他们必须通过交际从对方那里获取信息。现在已经有越来越多的教师认识到了这一点，并在实践中根据这一理论设计活动，取得了很好的效果。

在英语学习的初级阶段，应侧重运用机械性和复用性活动，以帮助学生牢固掌握所学的语言材料，为形成技能和发展能力打好基础。到了中、高级学习阶段就可以三种活动方式配合使用，并逐步侧重于交际性活动。使学生灵活熟练地运用所学语言材料，发展语言运用能力。

（二）设计和选择课堂活动的原则或依据

1. 趣味性原则

通过有趣而形式多样的课堂活动，能激发他们的学习兴趣，引发他们的求知欲。

2. 要立足于培养学生实际运用英语的能力

英语课堂活动的目的在于使学生形成运用语言的能力。教师在设计课堂活动时，要注意设置有意义的语言情景，使学生在这些情景中进行练习，以达到将来需要的时候及时、准确地再现出来，运用于真正的语言交际之中。

3. 创新性

课堂活动设计要依据教学大纲所规定的目的要求、原则、方法，但不能拘泥于固定的模式和方法等，如教课时不能总是一生词、二讲解、三领读的老模式，使生动活泼的语言材料变得枯燥无味。教师应大胆探索、尝试，设计出学生喜闻乐见的课堂活动形式。

4. 启发性

课堂活动的设计不仅要有助于提高学生的英语听说读写能力，还应当有利于启发学生的思维。这就要求我们设计出新颖、有趣并具有启发性和讨论性的话题。当然既要注意培养学生的自信心和参与意识，又要注意活动难度的把握。

5. 要符合学生的实际

教师设计课堂活动，首先必须了解学生。不仅要了解全体学生的一般特点，如知识水平、接受能力、学习态度等，还要了解每个学生的具体特点，如兴趣爱好、理解能力、学习基础等。要根据学生的不同特点，因人而异地安排活动。

6. 依据实际的教学条件

设计课堂活动时要考虑到学校的设备情况。要充分利用现代化视听手段，如录音、录像、多媒体教室等。若没有这些手段，也可利用现有的图片和教具等。另外，教师还应当充分发挥自身的优势，如绘画、表演才能等，创造丰富多彩的课堂活动形式。

7. 依据不同教学阶段的不同教学目标与要求

初级阶段主要应培养学生形成正确的语音、语调，因而课堂活动应以听说练习为主，包括听磁带、朗读、背诵、课堂表演等。而中高级阶段则应加强读写方面的练习，如多运用默读、听写、改写课文等方式，并在此基础上注重培养学生的语言运用能力，如多采用对话、采访、讨论、辩论等形式。

8. 依据不同的教学内容

课堂教学活动是为教学内容服务的，因此，采用什么样的活动方式要根据教学内容来确定。教师要吃透教材，深刻理解教材内容的内在联系，准确把握课文中的重点、难点，针对教学中的关键点设计课堂活动。

（三）组织课堂活动应注意的问题

1. 充分调动学生的自觉性、积极性和创造性

学生是学习的主体，是课堂的主人。教师应当相信学生，始终鼓励学生积极、热情地参加各项活动，并给学生充分发挥想象力和创造力的空间，通过课堂活动培养学生的创新精神和实践能力。

2. 做好准备工作

教师在组织课堂活动之前。一定要做好充分的准备工作，要在课前设计好某项活动所用的时间以及各项活动的前后顺序，努力使课堂在活动前形成与之相应的良好气氛，把学生的积极性充分调动起来。要根据学生的水平和活动的难度作好必要的准备工作，以免学生遇到太多困难而挫伤了积极性。例如，教师可以把可能会用到的单词或句型列在黑板上，以便学生选用。要向学生交代清楚活动的意图、要求、方法、步骤等，以免学生无所适从。

3. 注意活动方式的多样性

长期采用一种活动方式会给学生造成身心上的疲劳。实践证明，以一两种形式为主，辅之以其他形式教学可以收到很好的效果。课堂教学也应当有张有弛，有高潮、有低潮，形成一定的规律和节奏，使学生始终保持良好的精神状态。

4. 发挥教师在课堂活动中的指导作用

教师在课堂活动中可以扮演的角色很多，既可以是组织者、参与者，也可以是旁观者、督察员、裁判员。不论是在哪种课堂活动中，教师都要认真倾听学生报告，观看学生表演。要善于发现学生的长处，经常表扬和鼓励学生。

5. 注意纠正学生错误的方法

在英语学习的过程中，学生会犯这样或那样的错误，教师不必见错就纠。如果教师为纠错而反复打断学生的发言，会挫伤学生的积极性，降低其自信心。但这并不等于教师应

对学生的一切错误都放任自流。要处理好正确和流利的关系，适当纠错。纠错的方式和方法应根据该项活动的目的与错误的性质而有所不同。如果练习是运用性的，是为了提高表达的流利程度，这时要尽量少纠错。如果练习是准确性的，则对关键性的错误必须纠正。

纠错有多种方式，教师可根据需要直接纠错，也可以通过表情、手势或直接用正确的句子、反问等暗示学生所犯的错误，还可以创造机会让学生自己纠正，或让其他学生帮助纠正，也可以下课前几分钟将课上学生所犯错误写在黑板上，让全班一起纠正。

6. 注意课堂活动的总结、检查和评价

不论组织什么课堂活动都要善始善终，活动结束后教师应给以必要的总结、检查和评价。

第三节　英语学习策略

一、英语学习策略概述

学习策略是学习者策略中的一个重要组成部分，是学习者在获取学习机会、巩固学习成果、解决学习过程中所遇到的问题时做出的种种反应和采取的策略。国内外的心理学家、应用语言学家和英语教学法专家们从不同的角度对英语学习策略进行了不同的界定；其中的分歧主要包括三个方面：一是英语学习策略是否同时包括可观察的外部行为和不可观察的心理过程；二是英语学习策略是否既包括有意识的心理活动和言语行为又包括下意识的心理活动和言语行为；三是英语学习策略是否包括对英语学习产生直接影响的学习策略又包括对英语学习产生间接影响的学习策略。综合各方面的研究成果，可以认为，以上所述的各方面都是包括在英语学习策略的研究范围之内。学习者策略指学习者为有效地获取、储存、检索和使用信息所采用的各种计划、行为、步骤、程式等，即为学习和调节学习所采取的各种措施。外语学习者所采取的策略归结为以下五项：①通过寻找和利用有利的学习环境积极参加语言学习过程；②树立语言作为一个形式系统的意识；③树立语言作为一种交际和交往的手段的意识；④接受并妥善处理外语学习过程的情感需求；⑤通过推理和监控扩充和修正自己的外语系统。因此可以说，英语学习策略既包括学习者的心理过程，也包括其具体行动。

二、英语学习策略的分类

（一）认知策略

根据认知心理学的理论，新信息的接受一般要经过四个阶段：①选择。选择环境中感兴趣的特定信息，将此贮入工作大脑（短时记忆）；②习得。学习者积极地将短时记忆中的信息转为长期的记忆；③建构。学习者努力在贮存于短时记忆中的信息间建立起一种联系，此对大脑长期记忆的有关信息可以被用来帮助理解和巩固新获得的信息，并提供组织新信息的框架；④综合。学习者在长期记忆中寻找信息，将此转化为短时记忆。选择和习得决定学习的数量，而建构和综合决定学习的内容和组织形式：英语学习过程实际上也是一种新信息的摄入和重组过程。学习者选择、习得、建构和综合新的语言知识实际上就是一个运用认知学习策略的过程。认知策略又可以分为两种：

1. 元认知策略（亦称协调策略）

元认知策略即关于认加过程的认识和通过计划、监控和评价等方法对认知过程进行调控或进行自我控制。元认知实际上是对"认知的认知"Chamot把以下策略归于元认知策略：①高级组织，即对预料中学习活动的概念或内容做出一般而广泛性的预审；②控制注意，即预先确定要参与的习得任务，抛开与其无关的因素；③自我管理，即认识和创造有利于学习的条件；④预备，即训练和练习即将进行的学习任务所必需的语言成分；⑤自我监控，即纠正话音、语法、词汇等错误以求准确；⑥延缓生成，即有意识地倾听，理解了再发言；⑦自我评价，依照内在标准，检验语言习得中产出的语言是否完整与准确。运用元认知策略，就能更好地认识、运用并调控其他学习策略。一个富有元认知知识的学习者，能监督、控制和判断自己的思维过程，能对解决问题的满意程度进行评价。明确自己学习英语的目标，明确自己的学习需要，根据需要制订学习计划，善于创造和把握学习机会，积极参与课内外学习活动，探索有效的学习方法，了解自己在学习中的进步，总结学习的成功经验，学习中遇到困难时如何获得帮助，与教师或同学交流学习体会和经验，反思学习效果欠佳的原因等，都属于元认知策略。关于课程计划，成功者与不成功者的差异在于：前者自我意识程度比较高，能积极思考教师布置某项作业的目的，主动安排时间，认真选择方法；后者往往处于比较盲目的状态，对于目的、方法及时间的安排似乎没有过多的考虑，只是被动地完成老师布置的作业。

2. 认知策略

认知策略指学习者赖以获得知识和概念的大脑思维活动，如观察、注意、记忆、想象、类比、分析、推理、判断和概念化等。大学英语学习的成功者在学习策略方面具有一些共同特点，如在课堂上集中注意力；课中做课堂笔记；遵循记忆规律，提高记忆效果；把新旧知识联系起来；根据需要进行预习；注意观察、分析和归纳，发现语言的规律；对所学的单词进行分类；区分消极词汇和积极词汇；在学习中善于借助视觉提示等非语言信息；借助语境学习词汇；借助联系把相关知识联系起来；使用工具书寻找信息；通过图书馆和网络等资源获得信息；所获得的信息进行有效的分类和储存；利用推理和归纳等逻辑手段，等等一系列认知策略。

情感策略是指学习者在英语学习过程中控制和调整自己的兴趣、态度、动机、信心和意志情感因素的策略。认知和情感是学习活动中缺一不可的两个方面。只有这两个方面协调得当，人的学习活动才能取得最佳效果。在以往的教育中，我们通常将精力放在知识和技能的传授上，而忽视了情感因素的调控。事实上，这种非智力因素和智力因素同等重要。尤其在外语学习条件不理想的情况下，非智力因素的作用显得更为突出；以下分别讨论英语学习过程中情感策略的运用。

（1）要有学习英语的信心

自信心是成功的第一要素，在外语学习中也不例外。因为智力、生理及其他情感因素的作用都要在有自信心的前提下才能得以发挥。有些学生常感到自己缺乏英语学习的自信心，要想提高自信心就要先找出自信心不足的原因，例如与英语学习有直接关系的原因可能是学习者英语基础薄弱，因此跟不上课程进度，考试成绩总是很低；或者是学习者把英语学习的短期目标定得太高，一时难以实现，长此以往，自然对自己能否成功产生怀疑。针对上述情况，前者应该仔细分析自己英语薄弱点所在，设法尽快把所欠缺的语言知识与技能补上，变被动为主动；而后者在制订短期英语学习计划时要更加切合实际。

（2）不要过分保护"语言自我"

在学习外语时，学习者所熟悉的母语变得几乎毫无用处，学习者变得像刚刚学习讲话的孩子一样，而从另一方面来讲，他们中的很多人（例如已经步入成年人行列的大学生们）已经不再是牙牙学语的孩子，自我意识系统已经成熟，有根深蒂固的羞耻荣辱感。矛盾由此产生：即外话语言水平较低而"语言自我"的意识却很强。例如在大学英语的课堂中，有一些学生上课总是选择坐在教室的后排，在课堂上从不积极参与做英语口语练习，究其原因，是受强烈的"语言自我"意识的束缚所致。作为英语学习者，要有意识地调整自己的情感策略。使用英语时不要怕犯错误。毫无疑问，学习英语，目的是要掌握正确的英语，但这并不意味着在英语学习中，在使用英语时不能犯错误。学习者在英语学习的过程中犯错误是很自然的事情。一个英语学习者也就是在不断犯错误又不断改正错误的过程中进步的。只有那些不怕犯错误的学习者才能练就一口流利的英语或写出好的英语文章。因此，在英语学习的过程中，特别是在使用英语的过程中，英语学习者不能怕犯错误。要培养学习英语的积极态度，认识英语学习的意义，善于发现英语学习中的乐趣。作为大学英语教师应该充分考虑到"语言自我"意识对学生的影响，要理解学生的情感，乐于向他们提供帮助。在英语教学中尽量创造出宽松的课堂学习氛围，以帮助学生克服害羞和焦虑心理，使他们能够调整自己在英语学习中的情绪。

（二）交际策略

即学习者为维持交际、提高交际效果以及争取更多交际机会所采取的各种策略。这一定义是广义的，它实际上包括了交际策略和社交策略两方面。如果只从维持交际方面来讲，按某些语言学家的观点，交际策略是交际能力的一部分，指学习者对无法表达的计划或为了更好地理解别人所采取的措施。如善于创造机会使用英语；借助手势、友情及语调的变化等手段提高交际效果；在交际中注意遵守交际习俗；交际遇到困难时设法继续进行下去；积极与同学合作等都属于广义上的交际策略。影响学习者对交际策略选择的因素是多方面的、多层次的，是各种因素共同作用的结果。过分成功利用交际策略会抑制习得。例如有些学习者由于过分熟练地使用各种各样的交际策略而不感觉到有必要对新的目的语知识形成假设并加以验证。在大学英语课堂的交际活动中，上述现象并不鲜见。所以大学英语教师既要鼓励学生积极参与英语交际活动，也要重视对学生运用英语语言知识，尤其是新的语言知识的准确性和得体性的指导。

三、英语学习策略的调整

英语学习策略的调整要基于对学习状况的评价。这个评价在大学英语学习过程中，不应该主要来自学习者本身。这是因为，尽管教师对学生进行评价是教学任务的重要环节，但是仅仅靠他们在课堂上与学生的短暂接触，仅仅靠每学期进行的期中、期末考试，很难对每一个学生做出客观、全面的评价。因此，本着"学习者要对自己的学习负责任"的原则，评价学习进步情况应该是学习者自己的事。学习测评应贯穿于大学英语学习过程始终。

英语学习者在不同的阶段有不同的侧重点，也会遇到不同的困难，因此，英语学习者就要及时注意调整自己的学习策略。我们在教学工作中发现，学生在学习自评方面有差异显著。学习好的学生不仅经常对自己的学习状况进行测评，而且评价的准确度较高。更重要的是他们有意识地采取措施克服存在的问题。而成绩差的学生，尽管他们也能找出自己的学习薄弱环节，同时也有提高学习成绩的愿望，但是却缺少解决问题的方法。

调整学习策略要注意两点：第一是要注意适度，第二是要注意前馈信息和后馈信息的结合。所谓"适度"，就是不要走极端。比如说语言的准确和流利程度的关系问题就是这样。我们应当全面地看待这一问题。一般地说，口语中应当更注意流利性，而书面语对准确性应要求更高一些。在学习的初级阶段应该强调语言形式的准确性，而在高级阶段就应该增加对语言流利程度的要求。所谓前馈信息，就是学习者应该达到的目标；所谓后馈信息是别人对学习者学习的评价。把两个方面结合起来才是学习者调整学习策略的依据。

总之，学习策略的研究给予了外语教学以启发：我们认识到，外语学习过程是一个积极的过程，英语教师在英语教学中要不断地研究学习策略，培养学生掌握一些学习策略。英语教师要善于引导学生充分利用原有知识去获取新知识，巩固现有的知识。英语教师要对学生的学习策略加以因势利导，充分利用学习策略提高学生的语言学习能力与语言交际能力。

第四章 英语教学中的思维模式

第一节　不同思维与英语教学

一、创新、模仿思维与英语教学

（一）创新思维与英语教学

1. 创新思维对于英语教学的作用

学生学习英语的过程绝对不是简单的知识积累，而是要通过对知识的消化掌握，形成和纳入自己的知识体系，并熟练进行运用，这就要求在英语教学中主要培养学生的创新思维能力，注意运用各种创新思维的教学方法。运用创新思维的教学方法可以培养学生的创造性思维，强化学生在听课过程中的反思意识，建立和谐互动的师生关系，营造创新求索的教学氛围。同时运用创新思维还可以激发学生学习的主体意识，培养学生自主学习的能力，使学生加深对知识的理解和运用。

2. 创新思维在英语教学中的运用

（1）发散思维在英语教学中的运用

发散思维又被称作多项思维，是创新思维的一种类型，也是创新思维的核心内容。发散思维就是通过想象和联想来发现事物的新领域、新方法、新观点，因此，教师要在英语教学中运用发散性思维，可以通过设计一些适宜发散思维的多媒体课件，设计一问多答，举一反三等的问题，例如：在学习了"pay attention to"这个词组之后，教师可以让学生进行发散性的思考：还有什么别的词组可以代替这个词组？有些学生会举出"focus on"，有些学生会举出"aim at"等，然后老师可以进一步提问这些词句的具体区别。又如：在学习了"salary"这个词之后，教师可以让学生比较 income、wage、pay 等词的词义区别，鼓励大家发散性地去思考问题，教师还可以让学生尝试着用学过的词语去解释新学的生词，加深学生对新知识的理解。通过发散性思维在英语教学中的运用，可以使学生克服静止孤立思考问题的习惯，克服思维定式的消极影响，从而提高学生运用英语的能力。

（2）求异思维在英语教学中的运用

所谓求异思维，就是从同一材料中探求不同答案的思维，在课堂学习中可以要求学生用不同的语言表达同一内容，用不同的方法解答同一问题。从不同的角度分析同一人物形象，用不同的观念阐述同一作品的主题等，这些都是训练求异思维的活动。求同思维适用于学生学习的共性因素。而求异思维则更容易适合于学生的个性心理差异，使学生更深入细致、灵活变通地掌握知识和解决实际问题，在英语教学中要主要运用求异思维。这是因为学生正处于心理，生理发育的最快时期，他们好奇心强，求知欲旺盛，喜欢求新存异，有一定叛逆的特征。这些都是在英语教学中运用求异思维的基础，英语教师在进行教学时，要抓住学生的这些心理特点。鼓励学生对发表自己的看法，激发学生的求异思维。

（3）创意思维在英语教学中的运用

所谓创意思维，就是通过视觉和感觉神经将记录下来的信息储存，然后将不同信息进行分类消化溶解到本体思维中，而当新信息涌入时，本体思维就会迅速对新信息进行逻辑判断，使本体思维在不断地注入新信息的同时产生变化，从而形成新思维的一个过程。在英语教学中运用创意思维，可以充分地借助现代信息技术和多媒体技术等教辅手段，设计多媒体教学课件，让学生对学习的内容有直接的感官认识。在使用多媒体课件进行英语教学时，要力求课件的作用能够达到使学生的形象思维转化为抽象思维，由感性认识上升为理性认识。同时，教师要在教学中对学生进行指导，让学生对学习的材料有充分的认知，同时把要教授的知识点融入课件之中，在学生观看的过程中，对其进行引导和启发，加强与学生的互动沟通。

（4）逆向思维在英语教学中的运用

逆向思维是对司空见惯的似乎已成定论的事物或观点反过来思考的一种思维方式，这种思维敢于"反其道而思之"，让思维向对立面的方向发展，从问题的相反面英语思维与教学研究深入地进行探索，树立新思想，创立新形象。当大家都朝着一个固定的思维方向思考问题时，可以朝相反的方向思索，这样的思维方式就叫逆向思维。在英语教学中运用逆向思维，就必须要求教师解放思想，敢于突破原有的一些思维定式。又如新一轮教育课程改革后，教学的内容分为必修和选修两个部分，必修的内容不一定要花较多的课时进行学习，选修的单元也可以相对多花时间进行学习。综上所述，英语教学中创新思维的运用对于培养学生的创新思维能力，激发学生学习的主体意识，建立良好的学习氛围和师生关系具有重要的作用。因此，教师应注意多角度、全方位设计各种问题，激发学生的发散、求异、创意、逆向等思维，从而使学生对学习的知识由感性认识上升到理性认识，充分发挥学生在英语教学中的主体性作用，让学生根据所学的知识去创造、去探索。教师则要在学生创新、创造的过程中给予其必要的启发与指导，从而进一步增强他们学习和运用英语的能力。

3. 创新思维运用的方法

创新教育是对教育质量的巩固和深入，它强调在教学中老师应该把学生当作教学的主体，教师运用启发式教学方法组织各种活动来培养学生独立思考、自我创新的能力。为了发展学生的创新思想，必须把创新思维运用到英语教学中。怎样把创新思维运用到课堂上？这个问题就变成了所有从事英语教育工作者思考的问题，可以从以下几点考虑。

（1）研究教材，按自己的计划发展学生的创造性

例如，教关于中西方餐桌礼仪时，教师不但要帮助学生记忆一些有关句子和词汇以及在点餐时的问答，而且要给他们创设一些生活情境，如让学生创设去西餐厅吃饭，点餐和服务员交流的实际场景。在遇到表达不清时应该怎么办？或者他们不知如何表达菜名，但还需要继续点餐和用餐时，又该怎么办？然后帮助他们学习并运用到实际生活中去。在加强实际场景对话的练习后，再继续布置任务，让学生组成小组对相关的中西方餐桌和菜品做出相应的调查和研究，然后再课堂上做出英文的 presentation 展示，讲解给班级里的其他同学，这样分享和研究的过程也是培养学生创造性的教学设计。

（2）教学的组织

以前，教师在课堂上只讲知识，然后学生课后记忆，对大多数学生来说，他们在课堂上记不住，因此课后就必须花费更多的时间继续学习，但是效果不一定很好。在课堂上运用创新思维后，教师可以找一些方法帮助学生当堂记忆。如当教师教一个动词时，学生表演一下这个动作，其他学生猜，然后集体拼读，或者让学生讨论课文内容并提问如果他们是作者，他们在课文中会写些什么，这样他们就会有学习的欲望。

（3）设计问题的艺术

教学本身在某种程度上也是一种艺术的体现，问题设计的适当与否直接影响学生的理解度和接受度的高低，影响其思维的发挥。因此设计问题必须统揽全局，根据不同水平的学生设计不同层次的问题，问题必须要有意义而且有趣味性、逻辑性，便于学生进行发散性思维，最终使得课堂变得轻松，能激发和帮助学生学习以及与老师合作，达到更好的教学效果。

（4）教师素质要求

为了成功地把创新思维运用到英语教学中，必须对教师提出一些要求。传统教学的主要目的是帮助学生学习前人积累下来的知识经验，然后让学生运用这些方法来处理再次发生的事情，教师是照搬知识的人，但在现代信息社会，对一个人来说最重要的事情是创新，教师必须知道怎样培养学生用创新的方法来处理问题的能力，因此对教师有了更多的要求，包括以下三点：

①转变教学观念

教师应使学生具备转变旧观念，接受新观念，培养创造新理念的能力，当知识老化的时候，能够自觉学习新知识。因此，转变观念非常重要。

②形成现代教育理念

教育不是为了过去和现在，而是为了未来。教育是为未来的发展，如果一个老师只盯着分数，那么教育就会变化，现代社会是一个高科技的信息社会，教师应有现代的教育理念，了解社会对学生的需求，了解创造性教育、个性教育，抓住目标才能成为一个优秀教师。

③提高教师素质

人们常说，要给学生一杯水，自己必须有一桶水。如今，教师更应该是一个泉眼。因此，教师必须提高自己，不仅是在知识方面，而且也要提高自己的人格魅力。世界在飞速地发展，如果没有创新精神，就跟不上时代潮流。英语是交流的一个重要工具，学生是国家的未来，对他们来说，教学是学习英语的重要途径，因此教师必须要不断学习，不断发展，关心学生，只有把创新思维运用到教育中，才能真正做到"教育面向世界，面向未来，面向现代化"。

（二）模仿思维与英语教学

1. 英语教学中模仿思维的具体做法

英语教学的目的是使学生掌握一定的英语基础知识，培养学生在实际交际中熟练运用英语的能力。因此，应该在教学中改变以教师为中心，偏重语法结构的分析、讲解及机械的句型练习的教学模式，采取以学生为中心的模式，加强训练指导，指导学生多模仿英美原声，让学生体验纯正英美发音和地道的语音语调。最后升华内化为学生自己的特色。

（1）提倡英语教学中的模仿

人类从出生到咿呀学语，从幼童到长大成人，可以说人生的每个阶段都离不开模仿。这是因为模仿是人类学会做事情的主要方法，是一个人在学习过程中必然经历的阶段。在许多重要的事情上，人类模仿动物，做动物的学生。从蜘蛛身上，学会了织布和缝补；从燕子身上，学会了造房子；从天鹅和黄莺等歌唱的鸟身上，学会了唱歌。"模仿"一词在词典上被解释为照某种现成的样子学着做。可以说，模仿就是人的一种本能。那么，如何提高学生的英语口语水平，使他们的发音，语气语调都地道纯正呢？模仿英美原声就是一个不错的选择，可以尝试以下方法。

①多听多读

如果学生能够经常大声朗读英语，便能够促进其记忆力，有助于英语学习的提高。同时，英文是典型的拼音文字与汉语大不相同，学生通过大声朗读更容易懂得拼读的技巧和规则。当然，为了更好地提高朗读效果，学生在朗读前一定要多听几遍，然后试着模仿，逐渐培养自己的语感。而要想有较大收获，就必须做到每天坚持听读，这也符合语言学科的特点。

②大胆开口

知识输入有了听读作为铺垫，学生还要多讲多说，因为开口讲话正是语言的输出，只有语言的输出足够多，才能真正学会一门语言。作为英语教师，应尽可能多地为学生创设机会，让学生开口说英语，要让学生克服怕说错怕丢人的心理障碍，让学生不但在课堂上可以大胆地用英语交流，在课余时间也要让学生积极大胆地用英语相互交谈。可以在班级尝试性地搞英语角，每期给学生一个主题，任凭学生自己发挥，说错不要紧，就是锻炼学生开口说英语的胆量。这可以大大激发学生学英语的积极性，使学生对英语学习产生极为浓厚的兴趣，而且提高口语交际能力。

③扮演角色

兴趣推动兴趣是引导学生学习的最好的老师。兴趣导航，事半功倍。教学中，可以尝试性地让学生进行角色扮演的游戏，为他们创设最真实的语言环境，让学生能够灵活运用所学语言处理实际问题。即便不在讲英语的国家生活，照样能够说出一门地道流利的英语，关键是看是否下功夫模仿。

（2）模仿时遵循的原则

①选择正确清晰的英美原文

利用软件地跟读来训练自己正确的语音语调，提高流利程度，培养英语语感，这是模仿的必要手段。在指导学生选择听力材料时需要十分谨慎，为学生把好关，避免学生把宝贵的时间、精力浪费在模仿错误的材料上。

②大声模仿，注重总结

大声模仿，这点特别关键。模仿英美原文时一定要大大方方，清清楚楚，注意指导学生口型要到位。当然，学生刚开始模仿不可能像外国人说得那样流利，此时应指导学生把语速放慢，慢速模仿，只有发音到位，口腔打开，音发准了以后，才可以逐渐加快速度，并逐渐采用中速和快速，最后直到脱口而出流利的口语。

③反复、仔细模仿，最后升华内化

英美原声的英语固然优美，但那不是一朝一夕就能够达到的。模仿时一定要有耐心、恒心和信心。模仿的练习必须反复训练，只有不厌其烦地重复模仿，才能达到量的积累，从而实现质的飞跃。但反复、重复的操练和模仿并不等同于机械地让学生做一些无用功。仔细透析一下便发现，学生在重复模仿的过程中，多多少少都增加了思考，他们在这一过程中，实际上会形成对发音规则的潜意识，最后经过不断的由强化训练到自觉练习，久而久之就会内化为自己的发音风格。实践证明，模仿英美原声在英语口语教学中的作用效益凸显。模仿不但刺激了学生的积极性，而且能够真正地提高学生的英语口语水平。从而让学生在学习英语的道路上形成良性循环。而英语教师也在指导学生进行英美原声的模仿训练中掌握了技巧和经验，从而促进了教师自身业务水平的提高。可见，模仿的充分应用和正确应用能实现教师在英语教学中的双赢。

2. 模仿教学在英语教学中的应用

（1）模仿教学的理论基础

众所周知，模仿是人的生物学本能之一，是人类获取动作技能、智力技能的有效手段。通过模仿，各种信息得以最直接的传递和接收，从而使知识的获取、技能的习得在自然而然中得以实现。英语教学中，教师若能科学有效地运用好这一手段，不但会缓解初学者对英语的陌生感、晦涩感，而且可以在潜移默化中培养学生对英语的兴趣，使学生从感性认识的层面认同和接纳英语，实现英语教学的良性、可持续发展。现代教育理论认为，模仿教学的理论基础是模因理论。模因理论是基于达尔文进化论的观点解释文化进化规律的新理论，它指文化领域内人与人之间相互模仿、散播开来的思想或主意，并一代一代地相传下来。该理论的核心是模因。关于模因的定义，有两个形成阶段：前期被认为是文化模仿单位，其表现为曲调旋律，想法思潮，时髦用语、时尚服饰、器具制造等模式；后期的模因被看作大脑里的信息单位，是存在于大脑中的一个复制因子。模因词源上来自表示"模仿"的希腊词语"mi meme"，在牛津英语词典中，模因的定义是文化的基本单位，通过非遗传的方式、特别是模仿而得到传播。可见，模因复制的基本特征是模仿，它因模仿传播而生存，语言是它的载体之一。从模因论的角度看，语言模因揭示了话语流传和语言传播的规律。语言本身既是一种模因，也是模因传播的载体，它的功能在于传播模因。模因理论为语言演变引入了信息复制的观点，也为英语教学提供了一种新的研究思路，启发教师在英语教学中可以借助模因复制和传播的方式有效地引导学生进行模仿和套用，提高语言的实际运用能力。

（2）模仿教学的分类

模仿教学是多方面的，按照模仿的不同内容可分为对语音的模仿、对形态的模仿以及对语意的模仿。

①对语音的模仿

语言学科最主要的信息是声音。对语音的模仿包括模仿语音，模仿语调，模仿语速、语气以及模仿声音的节奏。基于此，教学重点就是语音的听说读到模仿训练，听音练耳，学腔模调，鼓励学生积极参与、大胆表达。侧重提高他们对语言的感受和初步用英语进行听、说、唱、演的能力。学生的语言表达能力总是在模仿，使用中提高的。因此，正确地学好发音，对学生学习语言至关重要。

②对形态的模仿

口腔是发音的重要表象，无论是单词、句子，还是对话教学，学生都要通过口腔进行语音操练，用身体来表达的意思是非常丰富的。教师在教学过程当中可以恰当地辅之某些身体动作，使学生在表演的过程当中进行学习，这将会激起他们的学习兴趣和学习热情。因此，结合自己的教学内容，让学生边模仿动作边朗读，尽可能把学生的注意力都集中在教学内容上。课文中涉及动作的内容，除了单纯的朗读、讲解外，老师可以通过让学生进行动作的模仿表演，加强对知识点的理解和记忆。如"Hands up.""Put down your hands."这类句型，老师完全可以让学生边做边说边学，学生注意力提高了，兴趣浓厚了，句型也就记住了。再如，在教动词的时候，教师可以找学生到讲台上表演动作，让其他学生来猜，也可以说英语，让他做动作，看动作说英语这样的效果非常好。

③对语意的模仿

语意模仿，是让学生在教师创设的简明语境中对语言材料的部分内容进行更换的模仿方法，其目的是让学生通过在有意义的情景中模仿，不再跟着老师或录音依样画葫芦，而是进一步理解所模仿材料的意义、用法，强调句子在语义上的功能，在掌握语言材料基本结构的同时，真正明白所模仿的语言表达的意思。

二、艺术、理性思维与英语教学

（一）艺术思维与英语教学

1. 艺术思维在英语教学中的作用

随着经济的发展和社会的进步，人们对于物质文化生活水平的要求不断提高。人们不再满足于一般的物质需求，而追求更高的文化生活和艺术的享受。社会从而加大了对艺术人才的需求，加上高校扩招，大批艺术类学生涌入高校，这对高等教育提出了更高的要求。同时，艺术人才参与国际竞争与交流也越来越成为必要，而英语是艺术人才进入国际平台的基础条件。它不仅是实用的交流工具，也是艺术人才自身素质和层次的重要体现。因此，艺术类学生的英语教师应充分认识到英语教学对培养艺术人才综合素质的重要作用，进而研究影响此类学生学习英语的因素及教学对策。艺术类专业学生在学习英语的过程中会不自觉地受到艺术思维方式的影响，艺术思维方式在他们英语知识的学习和语言交际能力的培养上起着引导作用。艺术类专业学生作为学生中的一个特殊群体，其艺术思维方式特点使其在英语学习中存在着群体差异和特殊的心理倾向。

2. 艺术思维的特点及教学方法

根据思维任务的性质、内容和解决问题的方法，思维的种类可以分为直观动作思维、形象思维和逻辑思维。形象思维是指人们利用头脑中的具体形象（表象）来解决问题，表象的主要特征是直观性。直观的形象为概念的形成提供了感性基础，并有利于对事物进行概括的认识，促进问题的解决。艺术家、作家、导演、设计师等更多地运用形象思维。

（1）艺术思维的第一个重要特点是形象性

艺术思维是直观类思维方式的一种，是与形象思维有直接关联性的特殊思维方式。在艺术思维活动中，思维的对象并不是抽象的概念和命题，而是具体、直观、形象化了的东西。因此，在英语学习中，艺术类专业学生会趋向喜欢形象的东西，如更多地关注老师的体态和姿势，希望老师能借助音调、节奏、手势语、体态语等生动的形象语言来授课，或是喜欢有插图的教科书。对此，艺术类学生的英语老师应努力使教学过程形象化。形象化的英语教学首先应遵循模仿原则。语言是人们在长时间的实践中形成的认同符号，学生学语言是个模仿的过程。他们每天模仿父母、周围的人、电视等一切可以模仿的东西，并且模仿英语思维与教学研究得越来越像。然后，他们渐渐停止了模仿，并且逐渐形成融合自己个性特征的语言方式。模仿是学习英语的基础，创新源于模仿。作为英语学习者，必须模仿已有的东西，只有通过模仿，真正掌握了英语的灵魂、精髓之后，才能形成自己的语言风格。艺术类学生对语言的模仿就是对具体直观的形象的模仿，这种直观的形象反过来也就要具有艺术性。这要求教师能通过优美的板书、得体的教态、幽默的语言和机智的课堂表现，向学生展示其人格魅力和艺术修养，借此对他们进行潜移默化的影响。在教学过程当中，教师可利用简笔画、英文歌曲、英语绕口令和短剧表演等表现形式来增添教学的艺术性，使学生获得足够的审美体验。教师还要注意对课堂教学的调控，使其富于变化，有高潮、过渡，交替自然，难易适中，能调动多种感官活动。一堂好的英语课就像一首美妙的乐曲，应该是跌宕起伏、动静结合的既有酣畅淋漓的热烈感受，也有恬静安详的轻松氛围。

（2）"想象性"与"逻辑性"是艺术思维的另一个特点

在艺术思维中，主体总是"浮想联翩"，脑海中自始至终都不断地进行着较清晰、较具体的形象思维活动，表现为一个创造性的综合想象过程。这一思维过程打破了"逻辑思维"的常规性和有序性。因此，艺术类专业学生在英语学习中倾向于能使他们进行想象的人和物。如生活中的一个故事、一段情节、一个场景、一段旋律等。因此，老师可以结合授课内容适当选择有利于构造明确、具体形象的辅助材料，并且采用学生较熟悉、易操作的内容或方式来组织具有想象性的课堂活动。如请学生想象自己未来的生活状态，看图想象说话、作文，或为某一篇课文设计另外一个结尾等。另外，教师可以结合生活，扩大学生词汇量。在讲单词的时候教师可以拓展其派生词并联系生活，引起学生的联想。如讲 peer（窥视）、pistol（手枪）。可以把它们理解为象形词，如 involve（卷入）可以从 Volvo（沃尔沃汽车）的象形讲到 in 的前缀；Swallow 既是燕子的"燕"也是吞咽的"咽"；Pick-up 皮卡车学会了加速捡东西；Communication 交流，沟通，就是交通，然后从交通银行扩充到各大银行的英文名称 Communication Bank 等，最后，建议学生把英语学习融入课外生活当中。平时多注意观察生活中所接触到的英文单词，激发学生的学习热情，提高学生学习的主动性。

（3）艺术思维是感性的

艺术思维是一种渗透着主体浓烈情感因素的思维活动，是一种寓理于情的思维。因此，在英语学习中，艺术类专业学生对充满强烈情感体验的课堂活动会表现出极大的热情。如学舞蹈的人听到乐曲会情不自禁地随着节奏摇摆，学音乐的人听到熟悉的音乐会和着唱起来。老师在课堂中可以播放一些能够震撼学生内心情感的英语影片供学生欣赏，或把课文内容改编成戏剧，并由学生担任角色表演，以此促进学生的英语学习。很多艺术专业的学生对英语的学习态度是消极的，也就是说，班级集体的消极情感占了主导地位，通常导致学生被动学习和抵制学习。教师要善于调动班级集体的积极情感，发现学生的长处，善于捕捉学生的每一点进步，并让学生感受到自己的进步，进而坚定学习的信心和决心。教师要善于鼓励，及时反馈，要创造机会（如竞赛，表演，演示等），让学生展示自己学习的成果，使学生体验到一种"成就感"。这种成就感不但可以激发学生进一步学习的信心和决心，而且可以形成英语学习的良性循环。另外，也可以尝试小组学习，即把大班分成自我驱动的小组，在小组中进行合作学习，这是人本主义心理学家倡导的一种学习方式。合作小组由四到六个学生组成，他们由于共同的目的而团结起来，为完成任务，使每个人得到提高而一起学习。小组学习的形式有拼版式、小组调查、角色扮演。学生小组有分工法、小组讨论等。小组学习使学生能在轻松合作的氛围中学习，发挥团队合作精神，体验集体感、荣誉感和成就感。人们往往把思维活动分为逻辑思维和形象思维，而语言则和逻辑思维密切联系，艺术主要表现为形象思维。艺术类专业学生也具备逻辑思维方式，但由于受到艺术实践的影响，逻辑思维在思维活动中不占主导地位，这恰恰是艺术思维在英语学习中的局限。可以从思维方式的差异分析入手，联系到语言习得，结合英语教学理论，进而探讨适用于艺术思维的英语教学方法。经初步证实，英语形象教学法能较好吸引艺术类学生的课堂注意力，增强学生在课外生活中联想英语学习的兴趣，从而对艺术类学生的英语学习起到一定的促进作用。

（二）理性思维与英语教学

随着新一轮基础教育课程改革的实施，英语课堂教学改革的深入，在精彩的英语课堂教学环节中，课堂教学的有效性显得尤为重要。这也为高校的英语教学提出了更高的要求。高校教师更要注重课堂教学的有效性，关键就是日常的教学要结合学生实情，让理科思维融入英语教学，给学生以语言实践，突出课堂高效。英语教学教无定法，没有一种教学方式可以适合所有的学生和所有的课堂，应视不同的教学对象施行不同的教学方法，即要因材施教。总之，对于英语课堂教学、英语思维与教学研究效率的提高，方法是多样的，智者见智，仁者见仁。个别教师认为，英语教学只不过是扩大学生的词汇量，向学生介绍语法使用的方法，将词汇辨认和语法分析贯穿于阅读。学生为应付考试盲目做题，不注重拓宽知识面，不能融会其他课程的思维来进行预测、判断及推理，最终导致学生认为记下课本单词、背好课内语法就可以学好英语。从事教育的教师应该从"爱心倾注，构建和谐师生关系"来进行教学。

1. 理科思维与英语教学

真正的学校应当是一个积极思维的王国。理科是实验性学科。但是，也有大量的文字笔记需要记忆，而这些笔记则是教科书知识的浓缩、补充和深化，是思维过程的展现与提炼。"看、记、思、展"这一思想既贯穿理科，同样也适用于英语。

（1）"看"

看实验中的现象，在掌握最基本的物理性质的前提下，通过现象掌握核心的化学性质。看英语单词构成和句子逻辑，看清构成单词的字母顺序。对于学生学英语这点很关键，因此在教学时要提醒学生意识到这一点主要是看句子逻辑，看清句子成分，即主、谓、宾、状等。

（2）"记"

记实验现象，记方法步骤。对于英语单词，一定得记标准发音，其实熟读便是记。对于句型，同样以读为记。

（3）"思"

由分子构成，想象其空间模型。英语中则要思考各种时态的细微差别，一种时态对应一种标志或暗示。这就需要教师在平时教学中引导学生自己思考总结。

（4）"展"

展，即拓展。有机化学中，一种分子结构可以构成几种物质，这就是物理本质上进行化学性质的改变。而在英语中需要怎样的拓展呢？要注意构词法的规律，教师在教授中，注意适当进行构词法的讲解，让学生掌握一些规律，如一些单词的词尾"y, ly, d, ing, ment, ness, ous, al, ation, ful"等一些词缀。如此，学生可以更好地掌握词性，扩展词汇，加深记忆甚至对陌生的词进行词义猜测。

英语教学的"同课异构"与回归。所谓同课异构，就是立足教学实际，同课是基础，异构是发展，基础内容是前提，而所采取的教学方法和策略各有不同，运用不同的构思来进行有效教学，这就构成了不同结构的课程。这种全新的理念无疑是提倡运用理科的逻辑性思维创设英语教学环境与流程。让传统的死记硬背式"文"英语变成可灵活掌握的"理"英语。但教学过程往往会受到教师、学生、媒体等诸多因素的影响，因此教师应该综合考虑各种因素，坚持以学生为本。所创设的理科情境要有一定的真实性和现实意义，不仅要注重学生的兴趣，更要注重所创设的教学情境要紧和教学知识和教学技能。

2. 让多媒体真正融入英语教学

英语教学中使用多媒体辅助教学已成为许多教师的首选。多媒体教学在帮助教师教学的同时，也改变着英语课堂的教学模式和教学氛围。这种改变有其积极的一面，也有其负面的影响。要正确地发挥多媒体这一先进技术的作用，使其融入日常英语教学，为教师和学生所用，而不是成为教师和学生的负担。教师能够利用互联网和多媒体更好地丰富教学资源，提高自身专业素养，学生能够利用互联网和多媒体开阔眼界，提高自主学习和合作学习的能力。随着科学技术的日新月异，人们对多媒体技术的使用已深入生活的方方面面，多媒体技术在课堂教学中的运用也趋于成熟。学校大多配备了基本的多媒体教室和多媒体教学设备。针对英语这一科目，多媒体极大地丰富了教学资源和教学手段，使学习英语变得更加直观具体，教学变得更加生动活泼、丰富多彩。使用多媒体教学既有其优越性，也会产生的一些负面影响。例如，现在有一种倾向，大多数的课程必须用多媒体，如果没有它的存在，会被认为这堂课"太守旧、传统、没有创意甚至没花心思去备课"。总认为只有多媒体能充分激发学生的兴趣，提高课堂效率，但实际情况确实如此吗？有时多媒体教学课就像走进了一个小小的放映室，艺术性尚可，内容十分丰富，气氛也很热闹，这是传统教学中所缺乏的。但人们需要的是将教学的艺术性和实用性完美地结合在一起的多媒体课，不仅要"好看"，而且要"有用"，内容服务于形式，切忌为了追求形式的新颖而影响了课堂教学的实质。多媒体辅助教学因其独特性，逐步开始"占领"英语课堂教学。不可否认多媒体的优势，即容量大、节奏快，且可以从视觉、听觉等方面对学生的感官进行刺激。但在实际教学过程中，由于过多地使用造成英语课堂失去了初衷，多媒体备课也成为教师的负担，更使学生的发散性思维受到了抑制。

3. 让多媒体真正融入英语教学

英语教学中使用多媒体辅助教学已成为许多教师的首选。多媒体教学在帮助教师教学的同时，也改变着英语课堂的教学模式和教学氛围。这种改变有其积极的一面，也有其负面的影响。要正确地发挥多媒体这一先进技术的作用，使其融入日常英语教学，为教师和学生所用，而不是成为教师和学生的负担。教师能够利用互联网和多媒体更好地丰富教学资源，提高自身专业素养，学生能够利用互联网和多媒体开阔眼界，提高自主学习和合作学习的能力。随着科学技术的日新月异，人们对多媒体技术的使用已深入生活的方方面面，多媒体技术在课堂教学中的运用也趋于成熟。学校大多配备了基本的多媒体教室和多媒体教学设备。针对英语这一科目，多媒体极大地丰富了教学资源和教学手段，使学习英语变得更加直观具体，教学变得更加生动活泼、丰富多彩。使用多媒体教学既有其优越性，也会产生的一些负面影响。例如，现在有一种倾向，大多数的课程必须用多媒体，如果没有它的存在，会被认为这堂课"太守旧、传统、没有创意甚至没花心思去备课"。总认为只有多媒体能充分激发学生的兴趣，提高课堂效率，但实际情况确实如此吗？有时多媒体教学课就像走进了一个小小的放映室，艺术性尚可，内容十分丰富，气氛也很热闹，这是传统教学中所缺乏的。但人们需要的是将教学的艺术性和实用性完美地结合在一起的多媒体课，不仅要"好看"，而且要"有用"，内容服务于形式，切忌为了追求形式的新颖而影响了课堂教学的实质。多媒体辅助教学因其独特性，逐步开始"占领"英语课堂教学。不可否认多媒体的优势，即容量大、节奏快，且可以从视觉、听觉等方面对学生的感官进行刺激。但在实际教学过程中，由于过多地使用造成英语课堂失去了初衷，多媒体备课也成为教师的负担，更使学生的发散性思维受到了抑制。

三、思维模式负迁移与英语教学

(一) 汉语负迁移与英语教学

迁移是学习中的一种普遍现象,它广泛存在于知识、技能、态度和行为规范的学习中,也正是由于迁移的作用,所有的习得经验几乎都是以各种方式相互联系起来的。在英语学习中,负迁移现象的产生,一方面与学习者本人的认知水平有一定关系,另一方面也与教师在教学中忽视学生相关能力的培养有关。

1. 文化迁移的定义

已有知识对新知识学习产生影响的现象被称作迁移,促进新知识学习的迁移称为正迁移,阻碍新知识学习的迁移被称为负迁移。行为主义心理学认为,英语学习中所犯的错误或遇到的障碍多是学习者母语习惯负迁移的结果。文化迁移则是指由于人们下意识地用自己的文化规则和价值观来指导自己的言行和思想,并以此为标准来评判他人的言行和思想。

2. 汉语文化负迁移对英语学习的影响

因为英语学习者是在已具备了一套具体语言规则的基础上进行学习的,他已完成了依靠语言社会化的过程,其社会身份已确定,在学习英语时,其已有的语言知识不可避免地将成为学习英语的参照系。其原有的世界观、价值观等不可避免地发生迁移。因此,许多中国学生的语言学习其实都是"英语语法+英语词汇+中国文化背景"。他们把英语镶嵌到自己母语文化背景之中,割裂语言与文化的关系,造出了许多"Chinese English"而不是"Idiomatic English",造出了许多的"Discourse in English"而不是"English discourse"。英语教师应该尽可能让学生了解学习过程中会出现的文化冲突,对母语和目的语进行分析比较减少或阻碍文化的负迁移,促进文化的正迁移,从而提高语言交际能力,提高学习效率。同时,从文化迁移的角度来看,要培养出具有很强语言交际能力的学生,教师需要很高的素质。教师不但应有深厚的语言功底,还必须具备较高的东西方文化修养,很强的跨文化意识和跨文化交际能力。

3. 防止汉语负迁移的教学原则

(1) 情境性原则

语言作为交流的工具必然与特定的情境相联系。如果脱离实际运用而单纯孤立地学习语言知识,那么势必会导致最初学习时的语言情境与将来实际的应用情境相差太大,造成迁移受阻。在汉语环境中学习英语，在一定程度上增加了学习的难度。如果不考虑这一特点，而是脱离实际、孤立地学习英语知识，则尽管学生在头脑中储存了所学的语言知识，这些知识有可能仍然处于惰性状态，难以在适当的时候被激活、提取出来加以应用或迁移。为此，教学中应考虑情境因素在语言学习中的作用，充分创设并利用各种情境，以使语言迁移达到最好的效果。

（2）鼓励性原则

个性特征是相对稳定的心理品质，这意味着个体在进行语言学习与知识迁移活动时，不可避免地受个性特征影响。个性特征影响学生的整个学习过程，自然也影响迁移过程。在英语教学中，教师应充分考虑到这一点，鼓励学生用英语进行交流，努力尝试运用新的不同的方式来表达意义，对于学生主动使用英语的意识及其行为给予充分的肯定和支持。鼓励学生正视英语学习中的错误。同时针对学生可能存在的个性问题，教师要正确引导，使学生成为一个积极的英语学习者。

4. 汉语负迁移下的英语学习策略

语言教学应是渐进的、自然的、启发式的、关联的，而不是集中、说教、注入、孤立式的教学。文化随时间、地点、人物的角色变换而发生变化。因此，作为文化中介的教师，在教学中，应以培养学生的跨文化交际能力为目标，以汉语文化和英语文化为内容（还包括其他文化），除高雅文化外，还应涉及大众文化习俗、仪式及其他生活方式、价值观、时空概念、解决问题的方式等深层文化的内容，所讲授的文化信息来源应多渠道，如阅读、交流、大众媒体、实例分析、调查、到目的语国家实践等，多角度介绍来自不同文化背景的人编写的文化材料，并从汉语文化、英语文化及其他语言文化等多重角度看待英语文化，采用启发式教学，强调实践，注重学习者的个人参与。教学方式可采用对比法，比如让学生就某一方面将英语文化与汉语文化进行对比，找出异同，突出强调同汉语文化存在差异的英语文化现象，可以尝试从多重角度特别是本族人的角度对英语文化进行理解，从心理上认可其在英语环境中的合理性。调整自我观念，超越文化隔界，以开放的态度从不同视角看待和理解母语文化和异国文化。以上目的可通过阅读、倾听、交谈、观察、调研等多种方法和老师、其他学习者、亲朋好友、来自英语国家的人的交流渐进地、自然地实现。不同的民族有不同的文化，各民族的文化既有个性又有共性。共性为跨文化交际提供依据和保障，个性却构成跨文化交际的障碍，进而引起文化的迁移。文化迁移受交际双方文化背景以及思维方式的影响，在语言使用中会产生诸多文化迁移现象。探讨英汉文化迁移有助于消除交际障碍，拓宽视野，促进文化交流。

（二）汉语负迁移与英语语法教学

汉语作为母语，难免对英语语法学习产生影响，许多英语语法错误都是汉语的负迁移所致，在英语教学中应正确引导学生学习英语语法。

1. 语言迁移的本质及理论

语言迁移是指学习者在使用第二语言时，借助于母语的发音、词义、结构规则或习惯来表达思想的现象，任何有意义的学习都是在原有学习的基础上进行的，有意义的学习中一定有迁移。中国学生学习英语，不可避免地受到来自汉语的影响，因为汉语作为原有的经验，是新的语言学习的一种认知上的准备，不可避免地参与到新的语言学习中。无论语间迁移，还是语内迁移，都存在着正负两种同化性迁移。而汉语向英语各个层面上的正负迁移更是为人们所熟知。在学习英语语法时，很多人总是用汉语语法去套英语语法，如将"他每天都学习英语"说成"He every day study English"，再如，汉语中"好好学习，天天向上"说成"Good good study，clay clay up."等都属负迁移。

许多学生在学习英语的时候会习惯性地把母语语言习惯强加于英语上，于是母语的负迁移现象便层出不穷。这些负迁移现象通常表现在文化因素、语音、词汇和语法等方面。汉语作为母语，对于中国学生学习英语的干扰是多方面的，涉及语音、语义、句法结构等，在语法方面的表现尤为突出。受母语负迁移影响，学生在英语学习中较多侧重于词法和句法的学习和使用，而缺少对语法整体结构的认识和理解。在英语教学中，学生掌握不了句子的主要意思和分句本身所存在的逻辑关系，导致其主次不分，汉语中很少使用被动语态，被动句中通常含有被动标志词如"被……由"等，而英语中被动语态的使用十分普遍，且被动意义有时是单纯地通过句子的形式所表现出来的。英语中用"it"做形式主语是一个非常普遍的句型，而汉语中则缺少这一现象。这些语法错误都是受到汉语的影响即汉语的负迁移所导致的。汉语对英语语法学习负迁移主要包括名词、主谓一致、代词、介词、时态、被动语态等几个方面。为了进一步了解学生因汉语负迁移所产生的语法错误的具体表现及出错原因，需对每一种语法错误进行分析，下面是分类后的一些典型的语法错误及可能的原因分析。汉语中对代词的使用很简单，主格和宾格一样，在所属格在词尾直接加一个"的"字即可，名词性物主代词和形容词性物主代词一样，反身代词也是通过在词尾加"自己"就可以实现，而英语中每一种格对应着不同的形式，在形容词和副词比较级的使用方面，汉语和英语之间也存在着一定的差异，汉语是通过在某个形容词前面加个"更"字来实现的，而英语则是通过对形容词本身变形来实现的，而且形容词变比较级也有几种不同形式。关于主谓一致，英语和汉语之间存在着很大的差异，汉语可以说"我是一个学生，你是一个学生，他也是"。但英语必须用不同的 be 动词形式，换句话说，汉语中主谓一致并不影响语言的表达形式，而英语中主语的变化则会导致谓语形式的变化。动词时态方面，汉语对时态的表现形式并无严格的格式限制，如"昨天当他到达车站的时候，火车已经开走了"。但在英语中对时态的表示有严格的格式要求，此句从句须用一般现在时，主句用过去完成时。

2. 避免汉语语法负迁移，加强英语语法学习的主要策略

（1）中英文语法对比

由于中英文的语法结构在某些地方的相似和不同之处比较多，教师应时常将中英文的语法表达进行对比，以进一步加深学生的理解，即促进汉语语法正迁移，减少负迁移。教师讲解语法不一定非得把一个问题的所有方面都讲全讲细，相反要尽可能用简洁清楚的语言，使学生容易理解、消化、记忆和运用。

（2）语法与词汇糅合

把语法与词汇合在一起，学习语法以动词为纲，有人把语法比作树干，词汇可说是枝叶，根深叶茂才能长成大树。因此不要把语法作为一种孤立的知识来学习，孤立学习语法不可能真正掌握语法。只讲语法不会激起学生的学习兴趣，语法要在活生生的语言中才能体现时代气息，语法和词汇是血肉关系。

（3）创造情境教学，提高语篇情景意识

教师在英语语法教学中应坚持"优化而不是淡化语法教学"的原则。目前较为广泛应用的两类语法课堂教学模式是演绎语法教学模式和归纳语法教学模式。除此之外，还应创设趣味性强、贴近学生生活、适合目标语的语境，让学生在语境中探索语法规律。运用语法规则，内化语法知识，真正提高语言运用能力。情景教学法还意味着教师应为学生学习语法创造语篇情景。教师应当在语篇层面进行语法教学，帮助学生树立单句是语篇有机组成部分的观念，培养学生把单句放入语篇中来选用适合语境的语法形式的意识，并引导学生关注语境如何决定语言形式的选择。

3. 对今后英语语法教学的思考

通过上面的分析可以发现，研究中出现的语法错误大多是汉语负迁移导致。这种错误如果不经过教师的指引和一些教学策略的帮助，学生很难意识到并改正。因此，在英语的教学过程中，教师应该首先让学生认识到存在于英语语法和汉语语法之间的不同点，意识到汉语对英语学习所存在的干扰，并努力找出解决办法来消除和避免汉语负迁移所导致的英语语法错误。

第二节 英语教学中思维模式的培养

一、英语教学中的模仿训练

在近几年的英语教学中，很多教师开始注重语音模仿训练，让每个学生明白语音在英语学习中的重要地位。模仿不是机械地重复，而是要求学生注意语音、语调、语气、句子的停顿和节奏的训练，培养学生讲清晰、流利的英语口语的能力。学生在紧张欢乐的氛围中既获得知识，又不易产生心理疲劳，有效地避免了学生在课堂上注意力不集中的现象。语音模仿训练在听力教学中也能适当渗透。在听力教学中，学生通过听音模仿朗读、听音后复述、边听边写等方法，反复训练，及时纠正发音，不仅对学生起到督促鼓励的作用，还可以有效解决学生朗读、理解课文、语法等方面存在的问题。更重要的是，教师还掌握了学生英语水平的第一手资料，并以此为依据，有针对性地制订各阶段的教学计划和教学安排，有利于提高课堂效率和教学质量。

二、英语教学中的创造训练

只有简单的听和说远远达不到学习英语的目的。大量的模仿训练可帮助学生掌握熟练的发音及口语的基本技巧，巩固英语基本知识。但是，如果只强调模仿性地说，而忽视创造性地说，很难培养出真正的说的能力。句子是语言交流的基本单位，人们都是以一个个意思完整、符合语法规则的句子来表达思想、交流沟通的。在教学实践中，有些学生虽然记忆了几千个单词，储存了很多个句型，但很多时候却无法将它们重组成恰当的语句，学生缺乏从书面语言向口头语言转换的能力。要让学生流利地使用英语，首先必须培养英语口头造句能力。课堂上，教师每教一个新单词，都让学生用这个新单词自由造句，这不仅能帮助学生更好地理解单词的意思，知道这个单词的用法，还能够帮助学生复习学过的句型，同时也锻炼了学生的创造性思维。在造句的过程中，学生自然而然地就掌握了新单词。学生的思维具有直观性、形象性，同时也具有内在的创造性，所以应尽可能地培养学生思维的灵活性和变通性，发展学生思维的独特性和新颖性，给学生提供发挥创造性思维的机会。这样，学生不仅巩固了句型，还能用学过的单词记忆新的单词。要引导和培养学生的创新能力，教师在教学中也应重视创造，只有具有创新能力的教师，才能更好地培养学生的创新能力。

三、英语学习氛围的创设

在英语教学中，模仿和创造依靠课堂教学是远远不够的。因此，教师要想方设法创造英语学习氛围，帮助学生进行深入的练习。可以每月组织学生开展一次英语文化周活动，如其中一个很有意思的活动就是英语电影配音和情境模拟表演。电影是一个很好的媒介，不仅为学生提供了丰富生动的画面。更重要的是地道的英语对话增强了学生对英语语言文化的感性认识，加深了对西方文化的了解。首先，节选一些比较有趣的精彩电影片段，让学生仔细观看，熟悉材料之后根据画面模仿练习其中的精彩对白。在挑选影片时必须考虑学生的认知水平，对白最好简单易懂，词汇不宜过难，俚语不宜过多，影片基调也应是积极向上的，这样学生模仿起来才不会产生畏难情绪。有趣好玩的动画片就是很好的选择。还可以利用电影进行创造性训练，如教师可以将学生分为几组，然后小组成员讨论组织语言将此片段内容进行简单介绍或复述，这一过程能够很好地培养学生的创造性，让学生在娱乐中获取知识，增强对文化差异的敏感性，培养学生跨文化交际意识。

当然，任何一种语言的巩固和掌握，都需要经过大量的实践和运用，仅仅通过课堂的学习和相对较少的交流来达到语言学习的目的是远远不够的。而在中国这样的背景下，对于中国学生学习英语语言时，英语教育者们就更应该可能地为学生创造一种学外语的良好氛围，为学生提供一个学习英语的大环境，可以说良好的英语学习氛围是学生学好英语的重要条件。从课堂氛围、校园氛围甚至到家庭氛围来创设其气氛，形成环境。

课堂氛围的营造在于老师根据教学内容的不同，来设计教学，营造良好的课堂气氛，此处不赘述。

学校氛围的创设，可以通过一些"硬性"的规章制度来完成，如可以利用校园广播来推出"每日英语""英语歌曲"，播放"英语新闻"来完成；在校园中，鼓励学生在日常的交流中，与老师和同学用英语交流，首先从打招呼问候开始；在校园中，举办"英语角"，让口语相对好的学生带领其他同学练习英语，也可邀请外教加入活动，增加学生学习英语的兴趣。

关于家庭氛围的创设，目前此方面的研究内容较少，因为毕竟中国英语环境的薄弱与不同的家庭背景、经济状况和父母学历和知识层面认知的情况有差异，没有统一的标准。在家庭氛围的创设方面，相对中小学生而言，这方面的工作，有些教师可从侧面进行鼓励和引导，适时发布信息和资料，与家长沟通，让家长对学生进行有效的监督，但毕竟大多家长是不懂英语的。对于大学生而言，家庭氛围的创设几乎跟学生的英语水平的提高没有直接的关系，因为，大多家长在学生步入大学后，几乎已经不过问学生的学习了。更多的是学生自己要把握好方法，自己有意地安排学习计划，为自己营造一种学习英语的氛围，促进英语水平的提高，和实际的口语交际能力。

总之，英语学习是一个着眼于听、说、读、写、译全面发展的过程，突出的是交际中的心智活动过程，教师一定要尽可能地创设英语语言学习条件和环境，多训练学生，以课堂为主阵地，积极开发学生的创造能力，科学引导、不断创新、完善教学策略，并且持之以恒，有效帮助学生提高英语的实际应用能力。

第三节 英语思维能力对英语教学的影响

一、英语教学中思维能力的培养

（一）英语教学中的语言思维

中西语言思维方式存在巨大差异，汉语思维是阻碍中国学生英语写作能力提高的关键因素。对于中国学生而言，要摒弃汉语思维对英语写作的干扰，逐渐建立起英语思维模式。要想写出地道的英语作文，需要增强英汉思维差异意识，发展名词化的隐喻能力，加强形合与意合之间的转换训练，逐步养成良好的英语思维习惯。

1. 螺旋式思维与直线式思维

中国人的思维方式主要是螺旋式思维，受中国传统哲学"天人合一"思想的影响，汉语思维注重总体，从一事物与其他事物的联系上加以认识，予以解决，是整体思维模式。中国人做事习惯从整体到具体或局部，由大到小，即先全面考虑，之后缩小思路，考虑具体细节。其说话、写文章也往往表现出先把思想发散出去最后收拢回来，落到原来的起点上，这就使其话语或语篇结构呈圆式或聚集式。中国人说话习惯于绕弯子，常常避开主题，从宽泛的空间和时间入手，从整体到局部，从大到小，由远及近，从总体到一般，往往把主要内容或关键问题保留到最后或者含而不露，是一种逐步达到高潮的方式。与中国人相反，西方人受"天人相分"思想的影响，注重分析和逻辑推理，对待事物习惯于从具体或局部到整体，是一种解析式的语言思维方式。在古希腊，人们根据亚里士多德的逻辑论辩，建立起一套称之为西方人思维基石的逻辑体系：开头—提出问题—分析论证—结尾。可以说，西方人的语言思维方式是直线型的，说话、写文章习惯开门见山。把话题放在最前面，即先表达中心意思，由此展开，或层层推演、逐项分列，后面的意思都由前面的语句自然引出。

2. 形象思维与抽象思维

形象思维与整体思维紧密相关，即人们可能以经验为基础，通过由此及彼的类别联系和意义涵盖，沟通人与人、人与物、人与社会，达到协同效应。抽象思维，通常也叫作逻辑思维，是以概念、判断、推理作为思维的形式。中国人擅长形象思维，"具体性、直观性、形象性是中国人思维的内核"。最早的汉字中很多都源于图像，即象形字，能够不同程度地体现字义。如词语中"雪白、乌黑、绿油油"等都是形象思维的体现。形象思维不只限于字、词的层面，在句子中、语篇中也是汉语很突出的特点。如"我原本在北京居住，由于工作的需要，前两年搬到了上海，住在了现在这套两居室里"。这句话里，汉语体现的是它的图像思维、意合思维，虽然全句只在开头出现了主语"我"，但它完全可以显示一幅完整的图像，表达一个完整的意思。可见汉语是以"意"传"形"的"意合"语言，并不刻意追求形式上的完整，往往只求达意，人们必须从整体入手才能把握它。然而，西方民族注重形式逻辑、抽象思维，表现在西方语言样态上就是以丰满的形态外露。首先，英语的曲折形态变化丰富，如动词的时态、语态、名词的数量等。

3. 形合与意合

英语与汉语相比较而言，英语是一种更为形式化、逻辑化的语言。英语注重句子形式，句法结构严谨完备，重分析轻意合；汉语则不注重句子形式，句法结构不必完备，重意合轻分析。其主要表现就是英汉话语和篇章结构在连贯性方面的差异。英语篇章连贯性强调文字间的逻辑联系，注重衔接手段的使用。英语常采用各种连接词语，如关系代词、关系副词、连接代词、连接副词、介词等。这类起连接作用的词语特别多，出现频率也特别高。与之相反，汉语注重内在意念，不受形式的约束，句子往往只要达意即可。汉语重意合，无须借助词汇语法的衔接手段，仅靠词语和句子内在含义的逻辑联系或靠语境和语用因素便能构成连贯的语篇。

4. 整体思维与解析思维

中国自古就有"天人合一"的思想，认为人和自然是处于统一和谐的整体结构之中的。此外，中国文化注重集体观念，往往将整体置于个体之上。受这些传统思想的影响，中国人大多数都是整体思维者，即思考问题时往往从整体出发，先整体后局部。相反，英语民族却以解析式思维为主导语言思维方式，看问题习惯于先局部后整体，即以各个局部为出发点，最后把这些局部组合为一个整体。语言上的差异实质上是由两种语言思维方式的差异造成的，要解决学生在英语表达中出现的类似错误，可以从中西思维模式差异的角度来加以指导，使学生不仅仅停留在模仿目的语的层次，而是从根源上理解目的语的语言现象，做到知其然，更知其所以然。

（二）英语写作思维的培养

英汉思维差异的存在是客观的也是必然的。对于中国学生而言，要摒弃汉语思维对英语写作过程的干扰，逐渐建立起英语思维模式。要写出地道的英语作文，需要增强英汉思维差异意识，发展名词化的隐喻能力，加强形合与意合之间的转换训练，逐步养成良好的英语思维习惯。

1. 增强英汉思维差异意识

在教学中教师应有意识地训练学生认识英汉思维差异及其在语言中的体现。通过对比教学，使学生充分认识到英汉两种语言在用词、造句、组段等方面的巨大差异。另外，教师应帮助学生接触更多地道的、能直观体现英语思维的资源，使其能在真实的语境中逐步领会英语的语言思维方式，从而在写作时能自如地按照英语逻辑习惯进行选词、组句、谋篇布局。

2. 发展名词化的概念隐喻能力

英语思维是线性思维，具有抽象性，其语言表达多用抽象名词。因而，要培养中国学生的英语思维，发展名词化的概念隐喻能力是很重要的一方面。名词化主要是指将体现"过程"的动词和体现"特性"的形容词，经过隐喻化变成以名词形式体现的实物，也就是以名词形式表达本应由动词或形容词表达的过程。对中国学生来说，学会使用名词化的概念隐喻表达对于提高英语写作相当重要，它不仅能克服母语思维表达在英语写作中的负迁移，而且还能使英语句子简洁、紧凑、含蓄，从而使句子的英语味道更浓，更符合英美人的语言表达习惯。

3. 形合与意合之间的转换

英语重形合，汉语重意合。英语句子结构紧凑严密，是因为有各种连接词起到连接的作用，而汉语句子很少有这些词语，靠语义上的联系结合在一起。因此，在写作教学中，应进行形合与意合之间的转换训练，加强英汉词汇、句法结构的对比和思维转换练习。教师可在课堂上开展将用汉语思维写成的句子改写成按英语思维写成的句子的专项训练，使学生逐步有意识地在写作中按英语思维行文。语篇方面，应加强讲授和训练各种连接词的使用，让学生认识到衔接词在英语语篇连贯性和统一性方面的重要作用。英汉思维差异是影响中国学生英语写作水平的关键因素。单纯的语言操练很难迅速提高学生的英文写作水平，因此，在写作教学中，应注意加强培养学生的英语写作思维，发展学生的名词化隐喻能力，进行思维转换训练。只有将语言操练和思维训练结合起来，才能更有效地开发学生的写作潜力，提高学生的英语写作水平。

二、英语思维能力培养下的英语教学改革与建设

（一）重视英语教学思维培养

语言是一种特殊现象，是一种精神与文化的载体，是记录民族文化、历史的工具，同时映射出一个民族的思想特征。由于长期受到传统汉语思维的影响和制约，大部分学生在学习英语的时候都会养成"中式英语"的习惯。这样，不仅会给他们的英语学习带来严重的阻碍，同时还会形成"哑巴英语"，导致其只会做题，不会说英语、不会听英语。不同的地域文化存在固有的特点和风格，教师在教学的同时还应该将西方的文化、风俗传达给学生，以此促使其形成英语思维。但是，汉语思维早已在学生的心中根深蒂固，加之地域文化差异已经成为跨文化交际的一项障碍，所以，如何落实英语思维的教学，合理导入西方文化理念，便成为英语教学所要研究的问题之一。

1. 合理规划教学，比较人文思想差异

若想让学生学好英语，首先要让他们明白什么是英语，即东西方的思想差异与人文差异所在。在日常课程讲解时，教师不但要向学生阐述基础知识，同时还要指导学生进行东西方人文思想差异的比较，以此帮助学生进一步认识西方文化，了解英语，从而懂得如何正确地使用英语。在英语中经常出现一些与汉语看似相似，但实则相反的词语，倘若学生未能了解到这一点，就会容易出错。拿"dog"一词为例，中国人有些情境下将这个词看成贬义词，如人们会用"鸡飞狗跳"等词对事物进行讽刺。但是，由于文化理念的差异，西方人却喜欢将 dog 看成褒义词，比如人们熟知的那句"Love me, love my dog."总的来讲，帮助学生了解东西方思想人文差异，可以让他们在使用英语的时候从根源处着手，以免因为认知上的错误而产生误解。

2. 日常交流互动，理解西方文化特征

英语不是中国人的母语，在利用英语与他人沟通的过程中难免会出现"中式英语"，这无疑会给交流带来障碍，甚至由于不理解西方的风土人情、人文特征，会给交流的双方

造成严重的误解。由于长期受到应试教育的影响，很多学生认为学习英语就是为了取得高分，升入更好的学府，至于学英语有什么用，真正的价值是什么，他们很少去思考。那么，该如何扭转这一现象，并让学生更好地认知西方思想文化特征呢？不妨从日常交流中的礼貌用语入手。

3. 通过材料信息，探寻文化背景信息

由于高中课堂尚未开设西方文化背景知识的相关教学课程，因此只能凭借教材来帮助学生了解西方文化。这也为大学生阶段的学习造成了某些知识欠缺的现象。目前，我国英语教材中涉及许多与西方文化历史背景有关的课文，教师可充分利用这些课文的信息结合语言知识展开教学，从而落实对学生英语思维的培养。除了英语教材之外，一些阅读练习题中同样会涉及这类内容，教师可以指导学生合理地进行挖掘，以此探寻更多的西方文化背景知识。

4. 延伸课堂讲解，导入风俗人文历史

英语知识讲解不能一直依赖课堂和书本，要鼓励学生将视野延伸到课外，通过大量的阅读和收集激发学生的探索兴趣，让他们进一步了解西方文化背景知识，以此奠定他们的英语思维。如在课后可以鼓励学生浏览一些外国网站，或者是看一些英剧、美剧等，让学生感受西方人的对话方式，增强他们对英语语感及英语思维的把握。比如：时下流行许多西方进口产品，而伴随这些产品的英文广告同样可以作为很好的学习资源。总而言之，将西方文化渗透到英语课堂中可以丰富课堂内容，起到很好的教学效果。而且，对于学生来说，比起语言障碍，思想和意识上的障碍是最难逾越的，而英语思维往往是提升英语学习质量的重要环节，所以在日后的英语课堂教学中要严格注意这一点，不能单纯地将重点放在句型和语法上面，要让学生真正地学会英语，并能够在生活中正确地使用英语。

（二）创新英语教学思维，激活高效英语教学

教学是一门科学，也是一门艺术。学生的特点是活泼、好动、爱说、爱唱、爱跳和爱模仿，兴趣广泛但不稳定，可塑性强。英语教学的目的之一是通过生动活泼的课堂教学活动，对学生进行听、说、读、写训练。基础教育阶段课程的总体目标是培养学生的综合语言运用的能力，强调教师应该尽量避免单纯的语言知识传授的教学方法，倡导英语教师在教学中应该采用"趣味性和艺术性的教学途径"，使学生喜欢英语和使用英语，并发展各种能力。这样的方式不但适用于基础教育阶段的英语教学，从大的层面上讲，也同样适用于大学阶段的英语教学，更好地激发学生的英语学习兴趣，提高英语学习的学习效果。

1. 注重导入环节，把冰转化成水

俗话说得好，"万事开头难"，导入也是如此，好的导入就好像是一位音乐家，开口唱的第一句就非常悦耳动听，能够起到"先声夺人"的效果。也就是说只要导入设计得巧妙合理，就能够使教师从一开始就像磁铁一样吸引着学生，调动他们学习的积极性和主动性，使他们能很快集中注意力，全身心地投入课堂活动中来。所以导入冠之以"英语教学催化剂"的美名一点都不夸张。英语的"导入"方式有很多，需要教师根据不同的教学内容、学生的实际情况，采取不同的导入方式，但是有几个基本原则一定要遵守：一要有趣，二要切题，三要简洁，四要拓思，即导入的内容和方式要贴近学生的生活，要注意做到自然贴切、新颖别致、紧扣生活。

2. 动起来，让英语课堂充满活力

在教学中，学生的展示与参与必不可少，教师要充分调动学生的积极性，让学生动起来，不仅要通过语言交流的方式，非语言的交流方式也要应用其中，这当中，少不了教师的合理设计和活动的安排。在课程开始时，把课堂让给学生，让相关的小组组长负责安排，发挥他们的协调作用，开始各小组的展示与表演，活动结束后，学生给个小组打分，教师给小组打分，还有专门成立的学习委员会给小组打分，形成一种竞争机制，教师最后给予反馈与评价，从而调动学生的积极性。这样全班学生都参与了活动，而不是仅仅完成任务，应付的状态。

3. 重视待进生

好学生是教师的左膀右臂，而待进生更值得教师去关注，在学生的管理上，可能找好学生谈一次话只需两分钟就能把问题解决。而找待进生谈话要一节课也未必能把问题解决。但应始终坚信，只要教师将心比心，即使是坚硬的冰也会有融化的时候。为了帮助待进生可以做以下几点工作：以情动人；培养兴趣；及时鼓励；公平对待；集体帮助。在这一过程中，发挥的是情感的作用，教师与学生的有效交流，让待进学生感受到自己受重视的程度，从内在激发他们的动力，从而取得学习上进步。

4. 有效教学反思——教学是一门需要反思的艺术

在新的平台上的课堂教学，教学任务的完成不在于教学内容是否讲完，而在于学生是否学会了、会学了、喜欢学了。所定的知识目标学生学会了吗？所定的能力目标学生达到了吗？所定的情感目标学生学得有趣吗？要是没有完成相应的目标，那么在今后的教学中要怎样去改进和提高？这些都值得人们去反思和总结。只有这样，课堂才是有效的，教学才是有效的，教师也才能得到提高和发展。教师就应该在教育中运用好"表现—成功—快乐"三部曲法，调动学生的情绪，让他们在轻松愉快的气氛中既学到了知识又娱乐了心情，使英语课堂教学真正体现"以学生的发展为本"的教学理念，让学生的认识能力、创新素养和健康心理持续地、动态地生成于宽松、愉悦、积极互动的课堂学习环境中。

（三）改革英语教学方法

要改进教学，提高教学质量，离不开教学方法、教学手段的改革。英语专业教学方法手段改革的总体思路是采用课堂教学、语言平台教学、多媒体教学、实验实训的方式，在教学过程中把重心转移到学生听力、口语、翻译、写作技能和行业技能实践上。语言教学的最终目的是使学生借助这种语言实现交际功能。根据这一思想，结合目前英语教学条件和学生实际情况，可通过以下方法进行授课方式的改革。

1. 情景教学法

课堂教学气氛受师生双边活动的制约，起着支配教学活动的作用。情景教学法的基本要求是要使学生有看到、听到，甚至触摸到的学习对象，充分调动学生运用口、耳、眼、脑全方位地进行英语学习。

课堂用语英语化。课堂用语英语化就是师生在课堂上用英语进行交际。要人为地创造语言环境，尽可能地用英语组织教学，做到师生间的英语交流。这样就能为课堂创造一种浓厚的英语气氛，使学生自始至终都用英语思维，巩固提高英语学习效果。

多媒体情景演示。利用多媒体创设真实的英语母语情景，通过画面和声音的有机结合，激发学生积极思维，引导学生理解，掌握语言知识。此外，还可以运用电视录像创设逼真的言语交际情景。教师可运用恰当的播放方式，如无声观看、只听不看、定格观看、创设信息沟通等方法，再配合其他教学活动加深学生对语言知识的理解，让学生学会在适当的场合使用恰当的语言。

角色表演。扮演角色能使学生身临其境，在此过程中学生是主体，其听、说、读、写能力得到了极大的锻炼。由于学生的身份换成了英语学习材料中的人物，这样学生不仅能记住学习内容，同时还能很快地理解，让学生感到学习的轻松。

真实体验异国文化。教师可以借助实物或者影音文件，如教师可把学生分成不同的组别，让他们在课堂上完成最简单的三明治的制作，从原料，餐具的准备等，当一切准备就绪后，在课堂上通过实物制作演示的过程，让学生边用英语讲解说明，边制作，看各个小组完成的速度与质量情况，这样全班的同学不仅被实物吸引，尝到了美味，同时也学会了各种原料的表达与制作程序中各种厨房用语的表达，了解了西方人的生活方式，达到了课堂教学的实用性目的。

2. 交际式教学法

交际式教学法的关键就是培养课堂交际氛围。

（1）问候

一堂课的开端师生见面时，适当即兴地"寒暄"几句，既能安定学生情绪，又能吸引学生进入英语课堂情境，教师在进行对话时，态度要真诚，要注意对学生的回答做出反应，应付了事的仪式性开端，不能保证交际气氛的形成。

（2）提问、讨论、辩论

教师以某一话题为主题，从最基本的提问形式开始，逐渐引导学生与教师、同学进行讨论，最后，组织学生进行该话题的辩论。在这个过程中，学生的积极性被调动了起来，学生会主动查找资料，组织语言，英语听说读写得到了锻炼。

3. 任务教学法

除了传统的练习、作业、背诵、朗读等，教师以解决某一实际问题为目标，布置给学生具体的任务。学生可以单独完成，也可以以小组的形式完成。如结合所学内容，完成一份某公司接待外国客人的方案，包括具体的行程安排等。最后，可以以小组的形式展示方案，评出最优方案，学生在这个过程中又可以相互学习。

第五章 微时代背景下高校英语教学模式

第一节　微时代背景下探究式教学模式创新

一、微时代探究式教学的基础知识

面对教学改革的实际需要，教师采用探究式教学被认为是课堂教学改革的理想选择。

（一）探究式教学的内涵

探究式教学，又称发现法、研究法，是指学生在学习概念和原理时，教师只是给他们一些事例和问题，让学生自己通过阅读、观察、实验、思考、讨论、听讲等途径去独立探究，自行发现并掌握相应的原理和结论的一种方法。它的指导思想是在教师的指导下，以学生为主体，让学生自觉地、主动地探索。掌握认识和解决问题的方法和步骤，研究客观事物的属性，发现事物发展的起因和事物内部的联系，从中找出规律，形成自己的概念。可见，在探究式教学的过程中，学生的主体地位、自主能力都得到了加强。探究式教学是以探究为基本特征的一种教学活动形式，它包含两层意思：第一层是探究的概念；第二层是探究式教学的概念。

在当今国际科学教育改革的热潮中，探究是出现频率最高的几个关键词之一。英文inquiry 起源于拉丁文的 in 或 inward（在……之中）和 quaerere（质询、寻找）。按照《牛津英语词典》中的定义，探究是求索知识或信息特别是求真的活动，是搜寻、研究、调查、检验的活动，是提问和质疑的活动。探究，就其本意来说，是探讨和研究。探讨就是探求学问、探求真理和探求本源；研究就是研讨问题、追根求源和多方寻求答案，解决疑问。探究式学习是指仿照科学研究的过程来学习科学内容，体验、理解和应用科学研究方法，获得科学研究能力的一种学习方式。根据美国国家研究理事会的阐述，它包括五个方面的活动：①提出问题，学习者围绕科学性问题展开探究活动；②收集数据，学习者获取可以帮助他们解释和评价科学性问题的证据；③形成解释，学习者要根据事实证据形成解释，对科学性问题做出回答；④评价结果，学习者通过比较其他可能的解释，使解释和科学知识相联系；⑤表达结果，学习者要阐述、论证和交流他们提出的解释。以探究为基础的学习或者教学，指学生通过自主参与获得知识的一种积极的学习过程，是让学生自己思考怎么做，甚至做什么，而不是接受教师思考好的现成的结论。因此，探究式学习既是一种学习方式，又是教育教学的目标之一。探究式教学要求教师用理论去指导实践，在实践的基础上再总结出新的理论，从而推动教学不断向前发展。它具体是指教师引导学生对有关的学习内容进行深入探讨，或对有关问题进行多方面的研究，以寻找答案、解决问题的过程和活动的方法。它的实施就是让学生以自主、能动的方式在学习过程中掌握知识，获得能力，习得科学的方法，养成科学态度和科学精神。因而，探究教学的实质就是按提出科学结论和检验科学结论的结构方式去揭示科学结论，即要把所提出的观念和所进行的实验告诉学生，要说明由此得到的资料，还要阐明把这些资料转化成科学知识的解释。

（二）探究式教学的特点

第一，注重从学生的已有经验出发。认知理论的研究表明，学生的学习不是从空白开始的，已有的经验会影响他们现在的学习。所以，教学只有从学生已有的知识和实际出发，才能激发学生的学习积极性和主观能动性。否则，就很难达到预期的教学目标。

第二，培养学生的探究能力。探究教学不是教师先把结论直接告诉学生，再通过演示实验或学生实验加以验证，而是让学生通过各式各样的探究活动，例如观察、调查、制作、收集资料等，亲自得出结论，使他们参与并体验知识的获取过程，建构起对新事物的新认识，并培养科学探究的能力。这种通过多样、复杂的活动情景来获得知识的教学方法，可以使学生从多角度深入地理解知识，建立知识间的联系，从而使他们在面对实际问题时，能更容易地激活知识，灵活地运用知识解决问题。也只有这样，学生的学习才是积极主动的，才能真正激发学生学习的内在动机。

第三，重视过程和结果。一方面，要求学生在教师的指导下，对事物和现象主动地去研究，经过探究过程来理解知识的内在联系，从而达到灵活掌握和运用知识的目的；另外一方面，需要教师把知识和科学方法有机结合，在学生掌握知识的基础上，让他们通过观察、调查、假设、实验等多种形式的探究活动，经历收集信息和分析信息的过程，从而获得自己的探究结果或制作出自己的作品，培养学生的科学态度和精神。

第四，重视知识的运用。探究教学的一个基本特点就是学以致用，发展学生运用知识解决实际问题的能力。探究教学能综合提取知识，跨学科解决复杂的、综合的以及涉及知识面广的问题。在掌握知识、运用知识、解决问题的学习活动中，探究教学能使学生更接近生活实际和社会实际，有利于培养学生的实践能力。

第五，重视形成性评价和学生的自我评价。探究教学的评价要求较高，如它要求评价每一名学生理解了哪些概念，哪些还模糊不清或不知道，是否可以灵活地运用知识解决问题，是否能提出问题，是否能设计并实施探究计划，是否能分析处理所收集的数据和证据，是否能判断出证据是支持还是反对自己提出的假设等。单靠终结性评价是难以奏效的。探究教学在重视并改进终结性评价的同时，很重视对学生的形成性评价，如学生每天的笔记、撰写的报告、绘制的图表，以及与学生面对面的交流、学生针对某一问题所做出的解释等，教师可以通过这些了解学生对知识理解的深度和广度，以及进行科学推理的能力。

重视学生对自己学习过程的评价也是探究教学评价的另一个特点。学生不断地对自己的探究学习进行评价，如检查采用的方法是否合适、解释是否得当、对知识的理解程度如何等，可以提高学习效率，有利于学习目标的达成。

第六，重视师生互动。探究式教学法的出发点就是发挥学生的主观能动性和创造力，以学生为中心，让学生自己去探究，自己去历练，积极地参与各种活动，从而获得知识。但学生的自主与教师的指导并不是非此即彼的关系，教师是在尊重学生选择的基础上进行指导，而学生则是在教师的指导下进行自主的探究，两者是一种互动和相互促进的关系。

（三）探究式教学的意义

①探究式教学符合教学改革的实际，能满足改革者的心理需要。目前，我国教学改革的宗旨主要有三点：一是打破传统教学束缚学生手脚的一套做法；二是遵循现代化教育以人为本的观念，给学生发展以最大的空间；三是根据教材提供的基本知识，把培养学生的创新精神和实践能力作为教学的重点。只要能做到这三点，改革就能取得实效。改革就是不断探究新的教学途径和教学方法。最终实践会告诉每一位教育改革者，探究式教学是非常符合改革者的实际需要的。

②探究式教学能使班级教学更具活力和效力。实施探究式教学，一是要最大限度地减少教师的讲授；二是要最大限度地满足学生自主发展的需要；三是要尽可能地做到让学生在"活动"中学习，在"主动"中发展，在"合作"中增知，在"探究"中创新。

③探究式教学能破除"自我中心"，促进教师在探究中"自我发展"。课堂教学改革难，在很大程度上是难在教师身上。究其原因，主要是教师"自我中心"观念的顽固性和长期沿袭传统的惰性。由此可见，用现代教育理念去改造和战胜传统教育观念有多么艰

难。教师要改变自己，就要在实践探究中学习，总结自己的经验，学习别人的经验，包括向学生学习。通过探究式教学，教师的角色会有一个大的转变——由过去的"台前"，走到现在的"幕后"，做一个"导演"。安排好适当的场景，引发学生的学习动机，使学生从观众变成实际的参与者。

二、微时代探究式教学的理论基础

（一）认知发展理论

认知发展理论认为，个体的智慧和认识是在与环境相互作用的过程中发展的。个体的发展既不是由客体决定的，也不是由主体预先设定的，而是主体与客体不断相互作用、逐渐构造的结果。学习的目的不是获得越来越多的外部信息，而是在与环境的相互作用中掌握解决问题的程序和方法。学习是建构图式的过程，包含一连串的同化、顺应和平衡。认知形成的过程是先出现一些凭直觉产生的概念（并非最简单的概念），这些原始概念构成思维的基础，在此基础上经过综合加工形成新的概念，建构新的结构，这种过程不断进行，就是认知结构形成的主要方法。因此，认知发展是个体在连续不断与环境交互作用的变化中，在同化和顺应的共同作用下，不断重建的过程。

个体在面临一个新信息时，倾向于把它同化到已有的认知结构中，同化成功则获得一种暂时性的平衡。当原有的认知结构无法同化新信息时，个体才会修改或重建原有认知结构来适应环境，达到一种新的平衡。同化、顺应是一种双向的建构过程：不仅使新信息获得意义，而且丰富、改造或者重组原有的认知结构。它也是一种主动建构的过程，需要学习者积极参与建构，这种积极参与不是形式上摆弄某些材料，而是思维层面的积极建构。探究式学习也不只发生在学生的手上，更是发生在他们的脑袋里，它不是简单地通过实验操作或者各种动手活动验证教材上已有的结论，而是通过提出问题假设、查找资料、分析资料形成结论、交流评价等一系列既开放又严谨的探索过程，使学生获得科学的概念，掌握研究的方法，培养科学的态度和素养。

（二）认知结构理论

认知结构理论反映了美国心理学由行为主义向认知观转变的大背景，反映了著名的结构主义者的思想精髓。认知结构理论对认知发展理论进行了深入研究，但并没有停留在对于儿童的智力和认识的描述性解释上，而是进一步提出了如何促进儿童的智力成长的学习理论和教学理论。

认知结构理论认为，学习的实质是一个人把同类事物联系起来，并把他们组成赋予一定意义的结构，学习就是认知结构的组织和再组织的过程，知识的学习就是在学生头脑中形成各学科的知识结构。任何一门学科的学习，最终目的是掌握这门学科的结构，它可以通过一个人的编码系统或结构体系表达出来。

认知结构理论认为，学生不是被动的知识接收者，而是积极的信息加工者，而学习过程也就成了一种主动发现的过程，教师可以通过发现学习把知识转化为适应学生发展的任何形式。发现学习不是首创，但从归纳推理和问题解决角度赋予发现学习科学的理论基础，并对发现学习的行动、要素和步骤都进行了深入细致的探讨。发现学习有以下几个步骤：①提出明确使学生感兴趣的问题，激发他们的兴趣和好奇心；②使学生感觉问题具有某种程度的不确定性，激发他们的探究欲望；③提供解决问题的多种可能的假设，开阔学生的思路；④协助学生收集与问题有关的资料，丰富学生的知识经验；⑤组织学生审查有关资料，从中推导出结论；⑥引导学生运用分析思维去证实结论，解决问题。发现学习强调发现的方法和态度，突出认识是过程而不是产品，这与探究式学习的核心如出一辙。而基于发现式学习提出的假设式教学方式对探究式教学也有重大的指导意义。

随着对于探究式学习以及探究式教学理论基础的讨论日益深入，对其哲学基础、社会学基础、心理学基础、历史学基础和教育学基础方面的讨论愈发受到研究者们的关注。

综上所述，关于探究式学习和探究式教学研究的理论基础仍旧比较薄弱和陈旧，且主要集中于对其心理学基础的研究方面。尤其是近年来日益受到关注的建构主义学习理论，受到了探究式教学领域的重视和认真研究。但对其他作为人们探讨科学探究的重要理论基础的领域，如科学史、科学哲学、教育学、科学知识社会学等领域的关注度还远远不够。

从目前的研究状况来看，对于探究式学习和探究式教学的大量研究项目和成果仍然主要集中在对其基本行动过程、操作步骤、方法技能等方面的研究，主要集中于某些学科尤其是科学课程中的探究式学习和探究式教学，集中于探究实践中的具体行为细节，缺乏对探究式学习和教学的内部心理机制进行的上位的、一般性的研究。此外，也有不少人对探究式学习及教学的有效性的实证研究提出了质疑，认为更多的文献是靠相互引证对方的意见和断言作为自己的论据，缺乏实证研究数据；或者通过对不明确甚至是否定性的实证结果做出任意的推论来支持对方的观点。

由此可见，对探究式学习和教学的研究和探讨在其理论基础、实证基础、实施及评价方面还有待进一步深入和明确。对探究式学习和教学的研究需要在继承与吸收前人讨论的基础上，以探究式学习和教学的理论基础学科为依托，从学生知识建构的视角，以新的知识观与学习观为基础，抓住学生知识的自主建构这一本质与核心，理论结合实际，把基础学科中最新的研究成果与实践中最新鲜的、最鲜活的探索与创新一并吸收进对探究式学习与教学的研究中来。

三、微时代探究式教学模式与方法

（一）国外的教学模式与方法

1. 萨其曼探究教学模式

该方法通过观察、分析科学家的创造性探究活动之后，结合教学法的因素概括而成。因此它基本遵循着"问题—假设—验证—结论"这样一种程序。这种模式基本上再现了科学家进行探索的进程，对于提高学生的创造性思维能力、推理能力大有裨益。

2. 有结构的探究教学模式

有结构的探究，是指探究教学时，教师给学生提供将要调查的问题、解决问题所要使用的方法和材料，但不提供预期的结果。学生自己要根据收集到的数据进行概括，发现某种联系，找到问题的答案，该探究被称为一级水平的探究活动，或被习惯地称为"食谱式活动"。

3. 指导型探究教学模式

指导型探究，是指探究活动时只给学生提供要调查的问题，有时也提供材料，学生必须自己对收集到的数据进行概括，弄清楚如何回答探究问题。这种探究被称为二级水平的探究活动。

4. 自由探究教学模式

自由探究，是指在探究教学时学生必须独立完成所有的探究任务，当然也包括形成要调查研究的问题。从许多方面看，自由探究类似于"搞"科学。这种探究被称为三级水平的探究活动。

5. 学习环教学模式

学习环教学模式始于 20 世纪 60 年代，是一种很有影响的教学模式，被广泛地称作探究教学。该模式有三个阶段：①概念探讨阶段，让学生从事各种探索活动，从经验中产生新观念；②概念介绍阶段，让学生给新观点或经历命名；③概念运用阶段，让学生把新观点运用到不同的背景中去。学习环模式进一步发展又形成了更完备、更符合学生认知特点的教学程序和策略 5E 教学模式，即吸引、探究、解释、加工和评价。

（二）国内的教学模式与方法

教学模式是世界通用的，上述五种模式给我国的教育教学带来了启示。由于分类标准的不同，对探究式教学模式的划分也不尽相同，我国目前使用的探究式教学模式主要有：自主探究、合作探究、情境探究、问题探究等。此处主要针对我国基础教育以及英语学科教育的特点详述几种较为实用的模式。

1. 自主探究教学

自主探究教学是导引学生的自主学习以促使学生自觉地投入到学习中去，独立思考，主动建构知识的教学模式。

（1）自主探究教学的主要特征

①教师是教学的主体而学生是学习的主体，教师和学生同为主体，形成了主体性和民主性的师生关系。

②注重教学过程的开放性和研发性，关注教学过程中学生主体意识的发挥，关注学生的创造力和创新意识，重视教师对学生的引导、启发，注重学生自主、能动地进行探究和发现。

③注重学生的参与性并提倡适度合作探究的辅助作用。

④要求问题设计的合理性和教学的有效性，提倡教学的多维互动性以及教学方式的多样性。

（2）自主探究教学的操作思路

①要求教师要做到明确学习目标，明确预习的价值、提纲及预习方法，要求教学具有整体性、生活性、开放性。

②探究包括个人独探、同伴互探、小组齐探、全班共探等四个支点，教师要着重考虑如何监管学生活动、如何分组、如何指导学生。

③教师要通过分层运用、内外运用、反馈等三个支点，指导学生实现应用迁移。

④教师要注重发挥学生的主体性和促进全体参与，给学生自主探究的权利，教学过程主要靠学生自己完成。

⑤教师是学生学习的促进者、参与者、指导者、引导者，甚至要与学生"共同学习、共同探讨"。

（3）自主探究教学容易出现的问题以及解决方法

①流于形式，缺少教师适当的指导，无法完成探究的任务。

②教师承揽探究，学生只是验证探究，无法提出问题，不会猜想，不能体验到探究的

必要性和成功的乐趣。

③选材不当，缺乏探究意义。

④教师布置不当，学生收集资料困难。

⑤教学时间安排不足，自主探究走过场。

⑥教师对课后探究指导不足导致课后延伸草草收场。

针对以上问题，教师一定要依据教学需要，根据学生的实际情况进行适时引导；教师应该充分相信学生，促进学生主动参与，激励学生发挥主观能动作用，最大限度地调动学生自主探究学习的积极性和主动性；教师要关注探究内容的适度性、可操作性和趣味性；教师应在课前下发"导学学案"，让学生据此进行预习、寻找资料；教师还要更新观念，充分相信学生，给予学生更多的自由支配时间；最后教师要及时介入学生的探究活动，成为他们中的一员，并对学生课后的探究做必要的指导。

2. 合作探究教学

合作探究教学是指在教师的指导下，学生根据不同层次，以 4~6 人混合编成小组，在一种积极互助的情境中，为达成共同的目标，分工合作，相互帮助，彼此指导，并以集体的成功为评价依据，最终促进个人发展的教学模式。

（1）合作探究教学的基本要素

①要让学生知道他们不仅要为自己的学习负责，而且要为其所在小组的其他成员的学习负责，在探究过程中积极互助。

②小组中的每个成员都必须承担个人责任，尽职做好自己的工作。

③混合编组要尽量保证一个小组内的学生各具特色，异质、互补，能够取长补短。

④学生的社交技能水平既是合作探究的结果又是合作探究的前提。

⑤小组自评或团体反思能保证小组不断发展和进步。

（2）合作探究教学的操作思路

①合作设计要合理，应以合作、互动为特点。

②提前设定目标，为评价提供依据。

③通过自学、小组互助，促进集体成果的积累。

④自评与他评相结合。

（3）合作探究教学易出现的问题及解决方法

①问题设置太过简单，合作探究流于形式，失去了合作探究的意义。

②重探究却忽略总结。

③只注重成绩好的学生，不兼顾学习有困难的学生。

针对以上问题，第一，教师提出的"问题"要紧扣课堂讲授的重点、难点，问题要有启发性，并能充分调动学生合作学习的兴趣；第二，教师要引导学生对答案进行总结，使讨论的答案得到统一；第三，教师要特别注意对学生的心理进行辅导，让他们树立信心，同时提供有层次性的问题，使学习有困难的学生也能胜任，强调整体的进步，形成让成绩好的学生主动帮扶学习有困难的学生的氛围；在合作探究的评价中，教师要对不同发展水平的学生有不同的要求，应关注每一位学生，特别是学习有困难的学生。

3. 情境探究教学

情境探究教学是指在教学过程中，教师有目的地引入或创设具有一定情绪色彩的，以形象为主体的生动具体的场景，以引起学生一定的情感体验，从而帮助学生理解文本，并使学生的心理机能得到发展的探究教学方式。

（1）情境探究教学的基本原则

①意识统一和智力统一原则：要求教学中既要考虑如何使学生集中思维、培养其刻苦钻研的精神，又要考虑如何发挥情感、兴趣、愿望、动机、无意识潜能等智力活动的促进作用。

②轻松愉快的原则：要求在轻松愉快的情境或气氛中引导学生提出各种问题，并展开自己的思维和想象，寻求答案，分辨正误。

③自主性原则：强调良好的师生关系和学生在教学中的主体地位。

（2）情境探究教学的操作思路

①借助实验创设情境，帮助学生将当前的学习知识与自己已经知道的事物相联系，建构起所学知识的系统。

②借助新旧知识的关系、矛盾，创设情境。让学生产生学习的欲望，从而形成积极的认知氛围和情感氛围。

③借助生活实例创设情境，让学生有真切的感受，以便引起学生的探究兴趣，激发其求知的欲望。

④运用实物、图画、表演、语言、故事等展现和创设情境。

（3）情境探究教学易出现的问题及解决方法

①易产生"花盆效应"：学生的学习能力在人工的、人为创设的"典型性场景"中发展比较顺利，但是脱离了该种情境后，很可能出现回落的现象。

②由于情境教学过分强调情境功效，加之对课程整体性、意会性及模糊性特点重视不够，易出现人工雕琢之痕。

③由于情境教学强调人为创设情境，对教师的素质要求太高，教师必须具备高超的语

言表达能力，甚至要能歌善舞、能弹会唱。

针对以上问题，教师必须熟练驾驭教材，准确把握学生心理特点、智能水平，熟悉他们的内心想法，并针对学生的特点，恰当地选择与运用科学手段、方法，以便结合教材创设情境。另外，教师在运用情境教学法时，还应针对各学科特点，根据自身特点创设情境，并努力提高自身素质。

4. 问题探究教学

问题探究教学模式是以问题为纽带，让学生在提出问题、分析问题、解决问题的探究过程中，来建构知识体系、发展智力、提高能力的教学模式。

（1）问题探究教学的特点

①问题是教学的良好开端。

②从问题出发，培养学生的思维能力。

③师生角色的转变：教师不能单纯地做知识的传授者、讲解者、促进者，还要精心设计问题。

（2）问题探究教学的实施策略

①构建民主平台，树立学生的主体意识。

②多角度着手，培养学生的问题意识。

③改变备课模式，以问题为核心，以问题为主线。

④重组教学组织形式，创造更大的探究空间。

（3）问题探究教学的操作思路

①引发问题：根据学生要学习的知识点的内涵和外延，联系学生知识水平、生活实际，创设模拟情境，引发一系列问题。

②组织探究：根据学生心理特点、班级授课制的特点，在教师组织、引导下，让学生紧紧围绕提出的问题进行独立思考、体验感悟、获取感性认识，并与身边的同伴、同学及教师进行探讨交流，澄清认识。

③做出解释：教师要引导学生把通过感知获取的直观认识条理化，抓住其本质属性，并将其纳入已有的知识体系，融入已有的认知结构中。

④运用深化：让学生运用获取的知识解决具体问题，在解决问题的实践中深刻体悟知识的内涵和外延，升华认识。

（4）问题探究教学易出现的问题及解决方法。

①问题设计的整体性不够。

②问题设计的层次性不强。

③问题设计的开放性不足。

针对以上问题，教师在面对较复杂的问题时，首先应采取化整为零的设计方法，在把握总体目标的基础上，在设计问题时把总目标细分为一个个的小目标，一个个容易掌握的题目，让其形成问题链；其次问题的设计要有坡度，层层递进，以点带面，逐渐扩展和深入，使学生从一个个问题的解决中有层次地掌握知识和技能；最后，在问题设计上，还要从能够启发学生多角度多元化的思考出发，答案不要太死，思路不能太窄。要以学生为中心、教师为主导、兴趣为主线，统筹兼顾，让学生积极主动地探索和获取知识。

第二节 微时代背景下体验式教学模式创新

一、微时代体验式教学的内容

（一）体验的概念

"体验"为动词，在《辞源》中，既有"领悟""体味""设身处地"的心理感受含义，又有"实行""实践""以身体之"的外部实践含义。

《现代汉语词典》对体验的解释是：通过实践来认识周围的事物；亲身经历。教育心理学指出，体验是人在实践中亲身经历的一种心理活动，并在亲身经历中体会知识、感受情感。它包含两种含义，一种是行为体验，另一种是内心体验。体验是一个人对愿望、要求的感受，是主体内在的历时性的知、情、意、行的亲历、体认和验证，是过程和结果的统一，作为一种过程，体验者在其中经历从观察、思考、反思到实践的流程；作为一种结果，它使体验者从对事物的感性认识飞跃到理性认识，形成对事物的独特看法，并且体验者的认识得以深化，情感得以升华。

不同的学者研究体验的角度不同，他们对体验的描述也不同，但可以通过分析、比较得知体验具有本体性、亲历性、情感性、整体性、生成性、自主性、个体性和缄默性等特征。

1. 体验的本体性

体验和生命是不可分的，如果说体验是一种经历，那也是一种生命经历，包含了一种不可替代的与主体生命的关联。在体验中，主体投入的不仅是认识，还有情感、态度、意志、领悟等更能代表生命特质的因素，主体通过体验不仅将对象融入自己的生命意识之中，而且还用自己的整个生命去参悟和体会，并且用自身的生命特性去感受生命的意义与价值。

2. 体验的亲历性

亲历性是体验的本质特征。亲历包括：实践层面的亲历，即主体通过实际行动亲身经历某件事；心理层面的亲历，即主体在心理上、虚拟地"亲身经历"某件事，也包括两种情况：对别人的移情性理解，对自身的回顾、反思。体验作为一种和生命、生存密切相关的行为，总是和主体自身的经历相联系。只有当一个人对某件事情、某种生活经历了，并且在经历的过程中有了某种感悟，才能生出体验。

3. 体验的情感性

体验是带有浓厚情感色彩的心理活动。体验的出发点是情感，主体总是从自己内心的情感积累和先在的感受出发，去体验和揭示生命的意义；而体验的结果也是情感，是一种新的更深刻地把握了生命活动的情感的生成。体验的产生离不开情感，通过体验又能生发更深厚、更具意义的情感。有了这种情感的升华，就获得了对生命存在的真切感悟。

4. 体验的整体性

体验是主体基于已有的认知与情感，投入整个身心，对体验对象的整体把握。体验中的认知是对对象的整体认知，体验的过程是包括认知在内的多种心理因素整体发挥作用，体验的结果不只是形成认知、观念，而且还要产生情感、态度乃至人的素质与精神。

5. 体验的生成性

体验是一种伴有情感反应的意义生成活动。主体与环境发生联系时，通过想象、移情等多种心理因素的交融，外部世界在主体心灵中被激活、唤醒，可生成新的意义；体验之后，主体的自我生命感得到增强，精神素质得到提高。

6. 体验的自主性

体验总是主体自己去体验，体验的产生需要主体的自主性，在体验中获得的感受、领悟、情感和意义，都是主体通过自主的活动自觉地产生的。体验的过程就是主体获得新的自我认识、自我建构，提升其主体性的过程。

7. 体验的个体性

体验总是与体验者个体独有的认知结构、情感态度、价值取向、人生经历发生联系，而每个个体的生命都是独特的、不可替代的，因而体验也是具有个体性的。即使是同一件事情，不同的个体完全可以以不同的方式去亲历，得到不同的认识，产生不同的情感，也就有着不同的体验，正因为主体的体验存在差异，他们之间才有交流和分享的必要和可能。

8. 体验的缄默性

体验是主体的亲历，意味着在场，主体从体验中获得丰富的内心感受，对不在场的另一主体而言，有些成分是可以言说的，有的则只能意会、不可言传，这可称为"缄默性知识"。例如审美体验就是这种情形，主体在观赏和享受美时，伴随着紧张剧烈的内部活动、丰富的想象、热烈欢快的情感，产生的是深层的、活生生的、令人沉醉痴迷却难以言说的特殊的内心感受。

（二）体验式教学的概念

体验式教学源自体验式学习。人的学习过程分成两类：一类是左脑式学习，另一类是右脑式学习。左脑式学习就是过去很多年学校教育的特点，就是教师传授很多现成的理论和知识，让同学们记熟会背；而右脑式学习则是强调身体力行的"体验"，就是从亲身的感受中去学习及领悟。左脑式学习重理论，而右脑式学习重实践。所以，体验式学习也可以被看作是"右脑式学习"，指学习者亲身介入实践活动，通过认知、体验和感悟，在实践过程中获得新的知识或技能的方法。它强调学生的感悟和体验，要求学生充分运用已有的知识与生活经验，在对新情景感知的基础上，通过体验获得新知识。体验式学习注重为学习者提供真实或模拟的情境和活动，让学习者在人际活动中充分参与来获得个人的经验、感受并进行交流和分享，然后通过反思和总结获得经验的提升，形成理论或成果，最后将理论或成果应用到实践中。体验式学习对培养学生健康的心理素质和积极进取的人生态度，增强团结合作的团队意起到积极的作用。

如果说体验式学习是以学习者的学习活动为研究对象，那体验式教学则是从教师的角度来研究教学活动的设计，以促进学生的自主发展。国内的学者对体验式教学有着不同的描述，体验式教学是指在教学中，教师根据学生的认知特点和规律，积极创设各种情景，引导学生由被动到主动、由依赖到自主、由接受性到创造性地对教育情景进行体验，并且在体验中学会避免、战胜和转化消极的情感和错误的认识，发展、享受和利用积极的情感与正确的认识，使学生充分感受蕴藏于这种教学活动中的欢乐与愉悦，从而达到促进学生自主发展的目的。体验式教学是教师通过精心设计的活动让学生体验或者对过去经验进行再体验，引导体验者审视自己的体验，积累积极正面的体验，达到对对象本性或内涵的一种直觉的、明澈的透察，使心智得到改善与建设的一种教学方式，是通过实践来认识周围事物，用亲身的经历去感知、理解、感悟、验证教学内容的一种教学模式，是"以学生为中心""以任务为基础",让学生通过具体体验来"发现"语言使用原则并能够应用到实际交流中的教学方法。体验式教学就是要通过构建学习环境,强调学生的自主体验,教师能够帮助创设一种积极的认知情境,构造平等融合的学习气氛,促使学习者运用自己的经验和已有的知识背景来获取新知,完成知识处理和转换并构建自己的知识结构,是指教师以一定的理论为指导,让学生亲身去感知、领悟知识,并在实践中得到证实,从而使学生成为真正自由独立、情知合一、实践创新的"完整的人"的教学模式。体验式教学把教育的对象看作是一个具有完整生命意义和情感的人,而不是单纯的认知主体。教学因此是一种生命的存在方式,教学的过程不只是一种认知过程,更是体验生命的过程,是人的心智都得到发展的过程。人在教学的过程中不仅获得知识的积累、行为的改变、认知能力的发展,更获得作为整体的人的情感、态度、价值取向乃至信念的形成与演化,获得作为整体的人的全面发展。总之,体验式教学以人的生命发展为依归,尊重生命、关怀生命、拓展生命、提升生命,蕴含着高度的生命价值与意义。它所关心的不仅是人可以经由教学而获得多少知识、认识多少事物,还在于人的生命意义可以经由教学而获得彰显和扩展。体验式英语教学就是使学习者通过在真实或模拟英语学习环境中的具体活动,获得亲身语言体验和感受,并通过与其他学习者之间的交流和分享学习体验,进行反思、总结,最终再回到学习之中去。

(三) 体验式教学的特点

1. 体验式教学尊重生命的独特性

尊重生命的独特性就是尊重每一个学生的独特性、相异性,懂得每个人都是独特的自我,对学生个性给予接纳和肯定,对学生的不同思想、不同见解能够宽容与支持,不会用统一的标准衡量所有的学生,了解每个学生的长处和不足,知道每个学生学习方式的不同,善待处于弱势的学生,让每一个学生都能在教学中获得成功的机会,体验到生命成长的快乐。

2. 体验式教学善待生命的自主性

人天生对环境充满了好奇,有着认识外部世界的本性,喜欢自己去追问、去探寻、去创造,并在此过程中展现生命的力量、理解生命的意义。人还天生具有自我认识、自我发展的本性。体验式教学让学生在学习中主动地探索外部世界,自觉地认识自我、追寻自我、提升自我,它所追求的不只是学生通过自主学习更好地获得知识和能力,还要让学生在探索世界、探索自我的过程中增强自主性,体验到生命的力量与意义。

3. 体验式教学理解生命的生成性

体验式教学明了生命的发展性、未确定性以及由此而具有的生成性。教师不会用事先设定的目标约束学生、限定学生，不会把外在的目标强加给学生，不会只注重未来的结果，而忽视学生在当下学习生活中的生命状态。他懂得学生总是在变化着、生长着，他们在不同的学习阶段有着不同的生命体验，教师所要做的是为学生创设一个有助于其生命充分生长的情境，把学生的生命力量引出来，使学习过程成为学生生命成长的历程。

4. 体验式教学关照生命的整体性

人的生命具有最丰富的内涵，人不仅有认知，还有情感、态度和信念。体验式教学不只是让学生对知识进行认知、积累和加工，还要让学生通过体验与反思使知识进入内心世界，与他们的生活境遇和人生经验融合在一起。体验式教学让学生的认知、情感、意志、态度等都参与到学习中来，使学生在认识知识的同时感受和理解知识的内在意义，获得精神的丰富和完整生命的成长。

5. 体验式教学重视生命的平等性

体验式教学中的师生关系是通过教学中的交往、对话、理解而达成的"我—你"关系，而不是传统的"接—收"关系。在传统的教学中，教师的主要作用是讲授和传递书本知识，学生则是被动地接收知识，这种师生关系只是一种单纯的知识传递关系，教师漠视学生的独特性、自主性，师生之间很难有平等的对话与交流，因而难以形成积极的情感体验。而师生之间的"我—你"关系不只是知识传递的关系，而是有着共同话题的对话关系。在对话中，师生进行着知识与智慧的交流，感悟着生命的意义与价值，相互尊重，彼此信赖与激励。教师总是为学生彰显各自的生命力量、发展各自的独特精神提供一个广阔、融洽、自主的空间，让学生的心灵得以自由舒展、生命意义得以真正实现。

二、微时代体验式教学的理论基础

（一）"做中学"

"做中学"提出，人们获得客观世界相关知识的途径是与这些客观世界的直接接触，即亲身体验。杜威认为教育的本质是成长，成长就是经验的不断改组或改造。经验只有在生活的动境中才能发生、才能改造，即只有在行动中、在实践中、在与环境的相互作用中才能有真正意义的成长。他把教学过程看成是"做"的过程，也是"经验"的过程。只有通过"做"才能获得经验。体验式教学就是为学生提供体验的机会，使其在体验中建构知识，获得成长。

（二）心理情感理论

情绪心理学研究表明：健康的、积极的情感对认知活动起积极的发动和促进作用，消极的不健康的情绪对认知活动起阻碍和抑制作用。在体验式教学情景中，教师就是要通过引导学生对教学情景的体验，调动学生相应的积极的、健康的情感体验，激发个体的主观能动性，提高学生的学习积极性，达到通过体验获得相应的认识和情感的教学目的，使学习活动成为学生主动进行的、快乐的事情。

（三）生活情景理论

生活情景理论告诉我们，生活是由人在其中的无数情景组成的。处于一定情景之中的人作为认识活动和实践活动的主体，通过与情景的相互作用而不断地适应外部环境，同时也在不断地改造着外部环境。教学就是教和学双方为实现一定的目的、围绕一定的内容而展开的一种特殊情景。体验式教学所创设的情境，是人为有意识创设的、优化了的外界环境，让学习者置身于这种经过优化的特定的客观情境中，不仅影响其认知心理，使学生从形象的感知达到抽象的理性的顿悟，并且促使其情感活动，激发学生的学习情绪和学习兴趣，积极主动地参与学习，从而引发学习者自身的成长。

（四）体验式教学的理论简评

体验式教学注重认知主体主观能动性的发挥和自主信息能力的培养，符合信息时代的要求，是较为理想的创新性教学模式。体验式教学注重学生在认识中的实践感受，彰显了以人为本的教学思想。体验式教学有利于学生的全面发展和能力培养，对教师的素质提出了更高的要求。体验式英语教学法体现了交际教学的原则，反映了当代英语教学理论的新进展，与英语教学界一直提倡的任务教学法和交际教学法紧密相关。体验式教学强调在学习过程中学生的参与和体验，显然，并不是所有的学习领域和学习主题都需要用体验学习方式来进行。教师要根据教学内容，依据恰当、合理的教学目标，整合适当的教学资源，按照提供情景、自主体验、相互交流、归纳迁移的程序，设计学生的学习活动。

三、微时代体验式教学的模式与方法

（一）国外体验式学习模式与方法

尽管国外体验式教学思想源远流长，但对体验式教学的研究甚少，研究者们把注意力集中在对体验式学习的探讨上，尤其是体验式学习模式的研究。

将体验学习作为一种独立的学习方式来发展的是一名毕业于牛津大学的博士，他深刻地认识到学校教育的局限性，认为学校教育早已不能完全提供学生平衡成长的机会与空间，为了帮助学生平衡他们的智力和体力成长，他研究了一套用于弥补这些缺失的教育方式，提供学生亲身体验挑战、突破和冒险的成长经验，来提高学生的体能，强调发展健康的生存方式，反对竞争行为。

20世纪80年代，美国凯斯西储大学的组织行为学教授对体验学习做了系统的研究，率先提出体验学习的模式，即由具体体验、反思观察、抽象概括和主动实践所组成的"体验学习圈"。体验学习可以描绘成这样一个四阶段的循环周期，在这个周期里，具体的体验是观察与反思的基础，观察的东西会同化到由于演绎推理所产生的心得认识或理论中去，然后这些认识或假设作为行动的指南将会指导将来的行为，产生新的体验。这不是一个单纯的循环，而是一个"螺旋上升的过程"，一个从体验到认识，从认识到总结再认识，从再认识到实践的一个循环往复的过程。正是有了认识的不断循环上升，学习者的学习主动性和积极性才得以增强。

（二）国内体验式教学模式与方法

在国外，体验式学习模式被广泛运用于各种领域的教育，而体验式教学方法的运用时间不长，还没有形成统一的理论、概念和教学模式。体验式英语教学是在目前英语教学理论的发展基础上，借鉴体验式学习的优势而提出的。人类语言离不开具体的体验感知，语言是通过人们运用自身的五官对现实世界的"互动体验"和"认识加工"形成的。由于英语是一种交流的工具，英语学习的有效途径是边学边用，这符合体验式学习的特征。体验式教学主张在教学活动中，学生不再是被动的知识接收者，而是从行为和感情上直接参与到教学活动中来，通过自身的体验和亲历来建构知识。

在体验式教学过程中，教师尽可能地为学生提供可听、可看、可触摸、可经历、可操作的机会，运用各种体验教学方式尽可能地把抽象的知识还原成事实，让学生面对需要去思考、讨论、合作，让学生去体验事实、体验问题、体验过程、体验结论，使学生在教师引导下真正感受到感情与思想的萌生、形成和交流的过程，感受到引人入胜的探究过程。

体验有实践层面的体验，也有心理层面的体验；既可以通过学生主体亲身经历某事来展开体验教学，又可以通过学生主体在心理上对自己或他人的"亲身经历"的再现来进行体验教学。体验教学的模式和方法主要有反思回味式、心理换位式、交流互动式、情景沉浸式、实践活动式和艺术陶冶式。

1. 反思回味式（自我再体验）

学习主体通过现象、联想、记忆，把自己经历中最值得珍视的生活事件（包括成功、失败、快乐和苦恼）进行过滤和反思，即从心理层面上重新"经历"主体以前的经历，以引发相应的体验，这样的体验具有回顾和反思的性质，这种"自我再体验"就是反思回味式，如追忆情景体验法。

2. 心理换位式

让学生从心理层面上去亲历或模拟某个角色，从中体验与该角色相符的思想、观点、情感和行为；或虚拟自己经历了某件事，联想事情的前因后果，从中体验事件的意义。也就是主体从心理上扮演他人的角色，虚拟"经历"他人的"亲身经历"，这样的体验具有移情的性质，这种移情性地对他体验就是心理换位式，如角色扮演体验法、学生讲课法、换位体验法。

3. 交流互动式

是让学生在相互交流、讨论中，在不同意见的碰撞中去领悟学习内容中只能意会的知识。这种体验的教学形式多为在学生充分准备的基础上，以小组为主要形式开展学生间的相互交流、讨论。教师要设计恰当的讨论主题，主题可以由教师提出，也可以由教师引导学生提出，如体验交流法。

4. 情景沉浸式

在教学中教师根据特定的教育内容和学生实际设定某种情景，如：恰当运用实物演示情境，借助图像再现情境，播放音乐渲染情境和扮演角色体会情境等手段，强化学生的情感体验，让学生在这种情景与学习内容的结合中产生联想和情感的共鸣，从而领悟学习内容中只能意会的知识。教师的重要任务是如何巧妙设计情景，使大多数学生都能沉浸在情景中，发生联想和产生情感的共鸣，这就是情景沉浸式，如媒体情景体验法、多媒体教学体验法。

在课堂教学中，要创设生动逼真的情景使用最多的就是多媒体。多媒体往往能传递生动形象的画面，悦耳动听的声音，具有很强的视听效果。它能够使声音与图像结合、语言与情景结合、视听与听觉结合，便于创造语言运用的真实情景。多媒体的动画画面所展示的仿真环境使学习者有身临其境的感觉。以往一些需要教师反复指导练习、记忆的内容，现在通过一些活泼的动画、栩栩如生的描述得以实现，充分调动了学习者的视觉功能，让学生感知、体验，身临其境，激发"说"的欲望，从而更有效地参与学习过程。

5. 实践活动式（原体验）

这是一种本原性体验，就是体验主体在实践意义上亲身经历某事并获得相应的知识和情感。例如：让学生在学习中动手操作或进行某些学科、社会实践活动和研究性学习活动，在这些活动的经历中去体验，从而加深理解和产生认识、情感、行为的变化。实践活动式主要包括社会实践法、课内外主题活动体验法、课内外探究活动体验法、实践体验法等。

知识来源于生活，又服务于生活。课堂教学就是一个由生活转化为知识，而又用知识去认识生活的过程。所以，教师要尽可能将课堂延伸到课外，使学生所学知识、兴奋点、疑问点均能伴随学生走出教室融于学生的课外生活中，开展相应的第二课堂和社会实践活动，能使学生在活动中得到内在情感的体验与升华。

6. 艺术陶冶式

是组织学生在艺术陶冶中激发起他们的体验。艺术是对生命体验的表达，如果说科学的世界是人类理性的世界，那么艺术的世界就是人类情感的世界、体验的世界，艺术作品是人类情感的表现形式。活动需要教师从教学要求角度设计，并给学生以帮助和指导。实践活动和研究性学习的研究主题可以由教师给出，但应当给学生一个自由选择的余地。

总之，体验式教学的模式和方式多种多样，关键是教师要在教学内容中融入学生的年龄特点和需求，选择适当的方法和切入点，创设恰当的体验学习情境，让学生在和谐的学习活动中体验、感悟和认知，既保证体验学习的时效性又保持体验学习的多样性，使每一次体验教学都成为学生对客观世界的领悟，对生命意义和生命价值的体验。学生不同、教师不同、教学条件不同，体验教学的方式和方法也应该是多样的。

第三节　微时代背景下多模态英语教学模式创新

一、微时代多模态教学的理论基础

多模态英语教学通过多种模态同时刺激听话者的感官，调动学习者多种感官协同运作，以加深印象、强化记忆、提高交际的有效性。它以功能语法为理论基础，以社会符号学为视角。为了达到调动学习者多种感官协同运作的目的，在具体的教学中采用不同的媒体与信息传递方式进行学习。模态与媒体之间的关系归根结底是话语和技术的关系，两者存在着内在联系的这种思想有传播学的理论依据。

（一）系统功能语言学理论

系统功能语言学把语言当成是人类交际的其中一种资源，探究的是人们如何运用语言去表达自己的思想和达到交际的目的，因此涉及的面非常宽广。韩礼德教授创建的系统功能语言学，主要由融为一体的系统和功能两个部分组成。系统是由一系列语言功能选项组成的集合，功能是系统中体现的语言意义和价值。该理论以语义为核心，建立在一个基本假设之上，即在最底层上，一切语言都离不开交际中的语言运用本质。根据系统功能语言学理论，语言要同时体现概念功能、人际功能、语篇功能三种元功能。概念功能，即语言表达人类的经验和逻辑关系的功能；人际功能，即语言表达交际者之间的交流关系和角色关系以及社会地位的功能；语篇功能，即语言表达语篇和语境的关系以及语篇内部的组织的功能。

多模态英语教学的理论即从系统功能语言学那里接受了语言是社会符号和意义潜势）的观点，认为语言以外的其他符号系统也是意义的源泉；接受了系统理论，认为多模态话语本身也具有系统性；接受了纯理功能假说，认为多模态话语与只包含语言符号的话语一样，也具有多功能性，即同时具有概念功能、人际功能和语篇功能；接受了语域理论，认为语境因素和多模态话语的意义解读之间有着密不可分的联系。

系统功能语言学可以作为多模态话语的理论框架。这个框架主要由五个层面的系统组成：①文化层面，包括作为文化的主要存在形式的意识形态和作为话语模式的选择潜势的体裁或者称体裁结构的潜势；②语境层面，包括由话语基调和话语方式组成的语境构型；③意义层面，包括由几个部分组成的话语意义及概念意义、人际意义和语篇意义；④形式层面，实现意义的不同形式系统，包括语言的词汇语法系统、视觉性的表意形体、听觉性的表意形体和听觉语法系统。触觉性的表意形体和触觉语法系统等以及各个模态的语法之间的关系，分为互补性和非互补性的两大类。互补性包括强化和非强化两类；非互补包括内包、交叠、增减、情景交互；⑤媒体层面，是话语最终在物质世界表现的物质形式，包括语言的和非语言的两大类，语言的包括纯语言的和伴语言的两类。非语言的包括身体性的和非身体性的两类。身体性的包括面部表情、手势、身势和动作等因素；非身体性的包括工具性的，如 PPT、实验室、实物（投影）、音响、同声传译室等。

（二）社会符号学理论

社会符号学以系统功能语言学为基础。社会符号学关注的是特定于某一文化某一社团的符号实践。社会符号学优先研究的是把指称行为作为实例，并把社会的指称实践作为经常的、可重复的、可识辨的类型。它认为社会有意义的行动构成各种文化（社会符号系统），文化就是相互连接的对社会具有意义的实践系统。依赖这种系统使这些实践和其他实践具有意义，不仅仅是通过清晰的信息传递，也通过所有形式的对社会有意义的活动（说话、画图、衣着、烹调、建筑等）。

模态是可对比和对立的符号系统，比如：感受客观世界的视觉、听觉、触觉、味觉、嗅觉是不同的感知模式，再具体说，写文章、唱歌、跳舞是采用符号表达情感的模式。教室中的多模态信息传递有三个理论基础：首先，物质的媒体经过社会长时间的塑造，成为意义产生的资源，可表达不同社团所要求的意义，这就成了模态。所有模态具有表达意义的潜势。非社团成员不能全部懂得这些意义，因为模态和意义具有社会的和文化的特殊性。其次，作为言语的语言模态和作为书面语的语言模态以及其他模态往往是交织在一起的，在信息传递语境下它们同时存在同时操作。这种互动本身就产生意义。使用者经常对表达和信息传递的模态加以改变，以适应社会的信息传递需要，这样已有的模态被改造，新模态被创造。

（三）认知心理学理论

现代认知心理学是以信息加工观点为核心的心理学，又可以称为信息加工心理学。它研究与人的认识活动相关的全部心理活动，包括知觉、注意、记忆、言语、问题解决和推理等。认知心理学理论认为，学习是构建意义的行为。"构建意义"是指学习者在与外部环境互动时，构建自己所理解的意义。学习行为分三个过程：外部环境互动，获取信息；大脑处理外部环境互动获取的信息，构建意义；学习效果的外部行为表现，获取实践能力。信息获取方式包括：视觉、听觉、触摸、嗅觉、味觉、空间感和身体效仿。构建意义时，大脑通过视、听、触、嗅和味五个模态（感官）处理与外部互动信息。实践能力包括听、说、读、写、译、模态等能力。模态是可对比和对立的符号系统，媒体是符号分布印迹的物质手段，例如产生语篇采用印刷的或手写的手段，说话时发出的声音，身体的动作，或计算机显示器上的光脉冲。

多模态英语教学在各种模态的协调合作状况下，有效地避免了英语课堂教学教师"一言堂"的传统教学模式。通过借助于多种教学方式和教学手段将学生的口、鼻、耳、身体等调动起来参与语言的学习。

（四）"媒体是人体的延伸"理论

加拿大著名学者、传播学理论家马歇尔·麦克卢汉（Marshall McLuhan）总结出以下论点：①媒介即信息。人类社会思想、行为等的发展变化，取决于传播媒介的性质，而不是取决于传播的内容。这里的媒介，除指大众传播媒介外，还泛指一般工具或科学技术，如电报、火车、飞机、印刷术等；②媒介是人体的延伸，媒介的第一位功能不在于传播信息，而在于人体某部分的延伸；而每一项新的创造，都会引起人类生活或社会结构的变化。拼音字母的视觉分离性曾使原始社会解体，而电子媒体的出现则把人类紧密地联系在一起，使全世界变成一个"地球村"；③传播媒介分凉热两类。凉类指"低清晰度"的延伸人体的传媒，如电视、漫画等。它们并不充满信息，允许受传者参与其间进行补充，受传者需要付出最大限度的想象力，才能从符号跳到对实体的认知。热类指"高清晰度"的延伸人体的传媒，如报刊、广播、照片等。它们作用于人的某一感官，充满信息，受传者不需任何想象上的努力就可以从符号向现实的图景飞跃。所谓清晰度的高低，是指媒介所含信息量的多少。

"媒体是人体的延伸"理论对媒体的本质进行了分析，给教育带来了诸多方面的影响。在教学过程中，教学媒介是学习者人体的延伸，扩大和提高了人的感觉和思维能力。比如：无线广播、麦克风等是对学习者听觉的延伸；图片、报刊、实物展示等是对学习者视觉的延伸；电影、视频以及多媒体教学工具的使用是对学习者视听觉的延伸。由于电子媒体阶段的到来以及众多现代教学媒体的产生，教师在教学过程中不再是单一的书本知识的教授和灌输。教师可借助于各种教学媒介，如投影仪、多媒体、图片、影视视频等调动学生的各种感官协调运作，从而达到提高教学效率和学生学习兴趣的目的。

（五）媒体选择定律

施拉姆公式是被称为传播学之父的美国学者韦伯·施拉姆以经济学"最省力原理"为基础提出的计算受众选择传播媒介的概率公式，用于表示某种媒介被受众选择的可能性的大小：受众对某一媒介的选择概率，与受众可能获得的收益与报偿成正比，与受众获得媒介服务的成本或者费力的程度成反比。

"最省力原则"揭示了在人类行为中普遍存在的用最小付出获得最大收益的基本行为准则和选择媒体的最优决策的依据。

媒体的功效是指教学媒体在教学过程中为了达到预期的教学目标，所起作用的大小程度，也就是通常所说的媒体在教学中的使用目标。教师在具体的教学过程中要依据教学目标、教学内容、学习者的特点以及教学条件等选择教学媒体。付出的代价越小，可能得到的报酬越大，则媒体的预期选择的概率也就越高。依据这一原则，可以充分利用教学媒体提高教学效率。

二、微时代多模态教学的选择原则

将多模态运用到语言的教学中，即在语言学习过程中将学习者的眼、耳、手、口等都调动起来，使得抽象、单一的语言学习内容转变成为形象、多样、生动的动感内容。作为一种教学理论，它主张利用网络、图片、角色扮演等多种渠道、多种教学手段来调动学生的多种感官协同运作参与语言学习，强调培养学生的多元读写能力。尽管多模态的教学方式可以为英语教学注入活力，活跃课堂气氛，但是在具体的教学操作过程中，采用多模态的教学方法在选择多模态时要遵循必要的原则以突出知识点，帮助学生记忆和提高学习成效。模态选择的总原则是充分利用现代媒体技术，最大限度地充分表达讲话者的意义，取得最佳效果。在多模态话语交际框架下，对模态的选择可以从三个原则考虑进行：有效原则、适配原则、经济原则。有效原则和适配原则都有自己的次级原则。

（一）有效原则

有效原则表示选择任何一个模态都要以取得更好的教学效果为前提，避免无效使用某个模态，或者其所产生的负效应等于或者大于正效应。多模态在教学中的应用有助于加强学生的记忆。但是，不考虑教学效果或甚至于分散学生注意力的无效模态的组合并用是毫无意义的。有效原则又包括工具原则和引发原则。工具原则是指在教学中，某种模态为教学主程序提供便利，如提供真实语境等。利用多媒体技术可以为师生的教与学提供尽可能真实的语境。比如：利用从真实交际场景中得到的录像材料作为英语教学的学习材料，让学生了解和认识真实语境的实际情况，使获得的语境知识更加具体；或者通过网络视频，让学生与英语国家同龄人进行视频谈话交流；或者提供真实的语境图片、文字等帮助学生了解真实的交际环境等。多模态交际可以让学生从多方面获得信息，比使用单模态话语更容易让学生理解和记忆。引发原则是说现代技术还可以从内部提供动力，使学生从内心愿意从事这种活动，把外因转化为内因。例如：通过提供鲜艳、新奇的图片、特殊的物体、有趣的简笔画、艺术字等吸引学生注意力从而激发学生的学习兴趣。

（二）适配原则

适配原则表示选择不同的模态时，要考虑不同模态之间的相互配合，以获得最佳搭配为标准。例如：口头讲解和对话练习都是有效的方法，如果学生在对话练习的过程中教师要做口头讲解，则会影响学生对话练习对语言应用能力的培养，产生不了应有的效果。

适配原则的次级原则包括抽象具体原则、强化原则、协调原则、前景背景原则。

抽象具体原则是指在英语教学过程中遇到抽象、晦涩难懂或陌生的知识时，教师可以通过选择其他模态方式来提供具体信息，进而使学生能更清楚地理解所教的内容，例如以英语教学的语音教学为例。教师在教授语音知识时，给学生口头介绍音标的发音规则时，学生所获取的知识是抽象的。如果教师借助声音、口型、发音图等展示具体的发音则将抽象的发音方法变得形象化、具体化和直观化，学生也能直观形象地了解和把握音标发音的基本要领。

强化原则指在教学中利用多种模态强化学生对语言知识的理解。比如：在教学过程中呈现文化背景时，可以采用 PPT、幻灯、影视等方式来代替单纯的教师口述的方式给学生进行呈现。以教师介绍圣诞节的文化为例，教师可以首先以口述的方式介绍圣诞节的由来和庆祝方式。同时，教师可以展示代表圣诞节的标志，如圣诞树、圣诞老人、圣诞礼物等图片或照片。如果条件允许的话还可以借助影视媒体，播放以圣诞为主题的电影，比如《小鬼当家》《圣诞精灵》等电影。文字与口头描述再配以图片和电影的强化，使得学生对语言知识的理解变得更为深刻。

协调原则是指利用多模态之间的协调性还原人类社会交际的本来面目，即由一种媒体不能独自完成的交际任务可以由其他媒体来补充。该原则强调模态之间的协调性而非过度使用其他模态方式，模态的选择应该建立在教学的需求之上。各个模态之间相互结合、协调运作而非任意结合、相互抵消与排斥。例如：在写作教学中，如果教师利用 PPT 在授课过程中穿插过多的动画、图片甚至于播放音乐则会弱化教学重点，分散学生学习的注意力。

前景背景原则是指在英语教学中，语言交际都是处在前景中，即为主要模态，而其他模态则提供背景。比如：在英语视听说课程中，处于前景的是观看电影之前有关电影背景、人物以及情节的相关介绍以及电影观看完成后进行的主题讨论等；电影的播放则被背景化，起辅助作用。

（三）经济原则

经济原则是指由于教学模态的选择是在最优化和最简单化的矛盾之中进行的，这里所讲的最简单化值就是指从经济的角度讲，模态的选择则是越简单越好。由于多媒体等现代化技术设备的应用可以提高教学的效率与效果，虽然它们价格昂贵设置复杂，但是依然是很多教师首选的教学媒体。因此为了最大限度地表达说话人的意义，达到最佳的教学效果。教师在选择多媒体技术作为教学媒体时也应该本着简单经济的原则。因此，教师在模态选择时也可以考虑使用图片、贴画、彩卡等其他媒介方式增强教学效果。

三、微时代多模态英语教学的实践

下面将从语言教学的听、说、读、写四个方面提供多模态英语教学的具体操作实践指导。

(一) 多模态听力教学的实践

网络环境下多模态听力教学的构建，其主要内容包括听力教学中的五个模态转换。

1. 准备环节的模态转换

使用图片、影视或 PPT 等引出听力背景的介绍，激发学生的学习兴趣；借助图片等方式提供与听力材料相关的单词介绍并让学生看图说词，让学生在多媒体和教师之间开展互动。

2. 呈现环节的模态转换

是信息的获取和意义构建阶段，此环节涉及模态间的协作。首先展现给学生的是与听力材料相关的图像，并通过色彩、光亮、突出的字体强调重点信息，这属于视觉模态；教师可以借助文本提供具体信息，弥补图像中的具体信息的遗失；来自不同学生的音调、语速、发声的时间相互配合，完成信息的传递，这是听觉模态。听觉是主模态，视觉模态是对听觉模态的强化，使听觉信息更加清晰、准确；文本信息是对听觉信息的补充，弥补听觉缺失的或听话者没有完全接收的信息。

3. 练习环节的模态转换

在学习效果外部行为表现阶段，通过采取听说结合与听写结合等方式，或是泛听理解主旨和精听配合练习来让学生对短时记忆的信息重组与编码。通过多模态教学充分调动学生各感官，从信息获取到意义建构，再到学习效果的外部行为表现。

4. 评估环节的模态转换

用记录和练习的形式评估学生的信息理解，学习者对所听内容的理解除了依据大脑的短时记忆外，笔记是提供再认知的主要渠道。记录的质量来源于对内容的理解，对大脑记忆信息与笔记内容合成后的意义建构。听力教学主要以听的形式完成学习任务，听音做笔记既能吸引学习者的注意力，又能促进信息的吸收不断被强化、更加精确和彻底。同时，让学生带着任务进行的听力也是评估环节的模态转换：学生首先听音；在听音时带着任务，即了解要解决的问题和完成的练习；根据对所听内容的理解和短时记忆，完成相应的练习，比如选择题、填空题、判断正误题、写摘要等。

5. 延伸环节的模态转换

主要是单语到双语模态的转换，学生对材料语言信息进行分析、重组、编码，然后用另一种语言表达。具体做法有：译语复述、听译等。

（二）多模态口语教学的实践

从某种意义上讲，口语课堂自身就涉及听觉模态和视觉模态之间的转换，这是由口语课口头交际的进程决定的。首先从听觉模态来讲教师和学生都有对话，而学生作为口语交际实践主体，话语比例要高于教师；其次利用黑板、PPT 或影视等方式展现口语主题、文化背景和单词句型等都是口语课堂视觉模态的体现。口语课堂即在视觉模态和听觉模态之间交替转换。因此，多模态口语教学过程中主要应注意加强各模态之间的协同关系和相互强化关系。教师在以口语为主模态的口语教学过程中可以有效地利用黑板、PPT、相关的图片、实物等来提高教学效果；学会使用和创造教学环境以提高教学效率；学会利用身体移动、手势、面部表情、语言等尽量缩短教师和学生之间的距离，创造轻松的氛围，在讲台和学生之间移动，把学生的注意力吸引到当前的学习任务上来；教师要学会利用工具和设备，特别是现代教学媒体，如用 PPT、同声传译室、录像、电影等模拟真实语境；学会转变课堂教师为主导的现状，教师应该积极为学生提供和创造口语交际实践的机会，使他们成为听觉和视觉模态的发出者，而不总是被动的接收者，如值日报告、对话练习、角色表演等。

（三）多模态阅读教学的实践

传统的教师讲、学生练的语言阅读教学模式使得语言教学课堂显得单一和枯燥，无法调动学生学习的积极性，也很难达到培养学生多元读写能力和英语综合运用能力的目的。因此，教师应利用多模态英语教学的优点，构建新的阅读教学课堂模式，激发学生学习兴趣，达到英语阅读教学目的。

多模态教学强调感官并用，达到强化记忆的作用。在阅读教学的过程中，教师可以通过 PPT 展示文章的文化背景、重点单词等，调动学生多感官共同运作，从而加强学生对背景知识难点的理解以及单词的记忆。

多模态教学提倡运用多种教学方法，如交际法、互动听说法、全身反应法等。在阅读教学中，根据不同的教学内容和要达到的教学目的，教学方法也要随之改变。比如：在教授学生通过语篇理解句意的阅读能力时，教师可以采用学生小组讨论、口译或笔译练习等代替教师分析语篇的单一教学模式，这样可以增强阅读课的兴趣性和操作性。

（四）多模态写作教学的实践

在写作教学的课堂中，教师可以通过不同模态的转换和互补，使得学生接收的信息输入的方式更多元化。学生将图像、言语、声音等进行感知、理解、编码、储存，教师通过多种模态的转换利用，充分调动学生获取"接收性"知识的能力。

传统的写作课程是教师讲授，学生听、记、写的模式，尽管在条件较好的学校，教师也会使用投影仪或PPT做范文展示，但是教师教授课程的主导地位依然没有改变，学生依旧是被动的接收者。在写作教学课堂中应用多模态英语教学方法，可以在很大程度上提高学生的参与积极性。

多模态写作教学要遵循开放性和灵活性的原则。开放性即课堂的主体应该是学生；课堂活动的设计要与生活贴近，便于学生实践操作和学以致用。灵活性则具体表现在教师在课堂教学过程中通过不同模态的转换和互补，用多元化的方式向学生输入信息。比如：在一堂主题写作课程的热身时间，教师可以用一个短片或图片的形式引出写作的话题；继而围绕话题让学生进行讨论并列出观点；接下来将讨论的观点进行扩展，落实到具体的写作；写作完成后，学生首先交替修改，标出文章中的标点、语法、单词错误；在学生互改作文环节完成后，教师抽选几名学生将他们批改的作文中的好句子写在黑板上或利用投影仪展示出来，教师进行现场点评。再如：段落写作结构的教学中，为了让学生了解空间顺序、时间顺序、因果顺序等文章组织方式，利用各种关系图示来讲解更加直观，再加入各种学生所熟知的周边新闻或事物的语音和图片材料作为辅助信息，同学们的写作内容也更具有实际价值。

第六章 英语语言知识教学艺术

第一节 英语听力教学策略

一、针对语言因素所采取的对策

（一）语音训练

语音是听力的基础，语音不正确导致错误信息的传递，这是不可能听得懂的。提高听力首先要通过语音美，熟悉各种语音语调，全面掌握语音知识。由于听音的过程具有时间与次数有限、不可以反复推敲、思考时间短暂的特点，学生必须对听到的句子做出迅速反应，这就需要对其进行强化语音的基本训练，特别是训练学生辨音的能力，让学生多进行辨别语音、语调的听力练习，掌握单词中的长短元音、辅音、辅音连缀，辨认语流中的重读、弱读、连读、失音和语调，使学生消除语音上的障碍，为正式进行听力学习清除"拦路虎"。专家们主张语音教学应循序渐进，从语音的最小单位到它们的结合，再到单词，最后到词的连接，而且强调它们的重音、节奏和音调所在，然后再进行听力速度的训练。这是学英语的人最初应走的路，否则必然影响听力水平，这就是为何一部分大学生总感到听力提高无门的症结所在。语音的纠正要具有针对性、连续性，克服语音障碍正确的方法是从模仿开始。网络条件下，英语语音的训练可以跳出传统课堂的束缚，学生们可以充分利用网络资源和自主学习平台，利用大量的手机 APP（如英语流利说、英语趣配音等）和在线网页（如听力课堂、旺旺英语听力等）及设备进行英语语音专项练习。

（二）听力词汇训练

掌握一定数量的短语、句型以及英语中包含的大量词汇和不胜枚举的固定搭配与短语，是听力理解的基础。学生必须掌握大学英语教学大纲词汇表中的单词与短语及其基本义项。大学英语中有许多词含义丰富、用法灵活，和平时英语中常见的含义差别很大。听的过程中学生要学会根据具体的上下文来猜测判断单词与短语的不同含义。一门语言所掌握的词汇可以分成两种：一是视觉型词汇或阅读词汇，二是听觉型词汇或听力词汇。许多学生在掌握了大量词汇以后仍无法听懂简单的听力材料，其原因主要就在于所掌握的词汇主要是视觉型的。由于中学阶段英语学习的重点放在语法、词汇、阅读方面，听说是学生的薄弱环节，因此，进入大学后，教师的当务之急是要帮助学生尽快熟悉已经掌握的单词、句子的发音和语调。英语听力训练，就是要使学生将特定的词汇，在大脑中建立起听觉信号，熟悉这些信号，使之在听正常速度的讲话时能够迅速完成检索，以准确地进行解码。另外，教师还应尽量讲解词汇中的吞音、弱读、英美音的差别、同音现象等，词汇的构词法讲解也是十分必要的，如派生法、合成法、转化法等。网络条件下的听力词汇训练（如手机 APP 百词斩等）能把词汇的发音、词源、构词法和视觉图像及实际应用结合起来，既能提高学生的识记效率，又能有效地在强调词汇的视觉性的同时强化它的听觉性，直接使学生建立起"听力信号—理解运用"的"一步走"过程，而不用进行二次转化，从而减少了母语对英语的负迁移现象。

（三）语法训练

借助语法知识可理解句子的含义、说话的语气等。学生们在上大学之前就已经具备了比较深厚的语法功底，因为大多数的中学还是在采用传统的语法教学。所以，教师只复习在听力练习中影响听力效果的语法点即可。其中虚拟语气、情态动词的用法是在听力理解测试中最常见的语法点，特别要注意提高对关系从句等复杂句的理解能力。网络条件下的语法训练（如大学生英语自主学习平台的运用）能针对学生的语法漏洞，并结合识记的遗忘规律，有针对性地对学生进行个性化的语法知识指导和强化练习，很好地克服了传统课堂无法兼顾每一位学生的弊端。

（四）语篇训练

大学英语听力中的重点和难点是语篇听力，所以我们必须以语篇听力为中心，采取精听与泛听并举的方法来突破这一难点。由于语篇的内容不一、难度也有差别，因此在听力教学中，针对不同的听力内容我们必须采取不同的听力方式。选择不同难度的语篇听力材料，将少量篇幅冗长、难度较大的材料作为学生的欣赏性材料，通过泛听方式，培养学生快速理解能力；选择难度适中的听力材料训练通过精听培养学生听力细节和运用听力技巧的能力，训练学生听力的基本功，听熟英美人讲话时重读、弱读、连读、语调等在语流中的变化，听熟基本词汇和一部分常用词词组以及句型结构。精听不仅是像精读文章一样让学生逐词弄懂，还要能分辨出有关词的基本含义或在特定语境中的含义。因此，教师授课时需要反复放听录音，精讲听力材料，直到学生全部听懂。只有进行大量的精泛并举的听力训练，让学生逐渐适应英语语流变化，习得言语，获得规范的英语表达方式，获得对英语的快速反应能力，从而形成习得性的条件反射，这样在听力训练过程中学生才能用英语思维直接理解，听力理解水平才会大大提高。互联网能使学生很轻松地找到与教材同步的某一主题的各种听力材料，然后根据自己的听力水平进行有选择的精听和泛听，这样才能把课堂上教师传授的听力技巧和方法在课下反复运用直至熟练掌握。

二、针对非语言因素采取的对策

（一）改革传统的英语教学法

现在的社会是一个多元文化共存的社会，教师必须打破传统的课堂上的二元对立式思维，从教师对课堂的绝对统治地位转向师生共建课堂的方向转变。要想改革传统的英语教学，教师必须从以下四个方面把握当今英语教学的内在规律。①情境化的语言空间：外语学习是在具体的语言情境中进行的，教学应重视语言环境的营造，应面对不同语言情境的交流和理解的需求，为学生学习、运用和自由表达语言创设问题和机会。②互动性的教学过程：外语学习的过程是学习者与语言环境积极互动的过程，教学必须以英语的学习活动为中心，使教师和学生围绕学习活动而形成一个学习共同体，使学生成为这个学习活动的主体，并为学生表达和运用语言准备心理优势和环境条件。③多元化的教学策略：外语学习和教学的方法是多元的，教学必须遵循科学的认知和记忆规律，为学生的个性化学习提供方法支持。④个性化的学习方案：外语学习的方式和方法取决于学生个体独特的知识背景、智力特点和心理特征，教学应致力于学生个性化学习方案的培养。

在"互联网+"的高校英语课堂上，学生始终是学习的主角，教师应采用录像、多媒体、游戏和活动剧等形式，创设种种交际情境，鼓励学生摆脱包袱，与语言环境积极互动。这样的英语教学法尊重学生的智力特点，提供多元化的教学方案，适应不同学生的个性需要。在课堂中，教师是导演，学生是演员，学生时而沉浸于美好的语言情境，时而演绎生活场景，时而游戏，时而思考，时而激情勃发，在自由自在中体验学习语言的乐趣。

（二）因材施教，充分发挥教师的主导作用

教师在英语听力课上扮演着十分重要的角色，教师应在课堂上激发学生"听"的兴

趣，增强他们提高英语听力的自信心。在教学活动中，若循规蹈矩，墨守成规，形式单调，这就不会调动起学生的兴趣。我们应尽量使教学内容丰富多彩，并采用现代化的教学手段使课堂教学丰富、生动、有趣。在完成规定的教学任务之余，适当组织学生充分运用网络资源，欣赏诗歌、名人演讲、电影对白、英文金曲、英语新闻等，以扩大他们的知识面，做到繁简有序、循序渐进，多角度全方位地培养和提高学生的听力理解水平。

　　教师在听力教学中，还应注意对学生回答问题的不同反馈。肯定的反馈可增加学生的自信心，提高他们的学习兴趣；反之，则使学生感到羞愧，并使他们的听课情绪受到影响，从此不敢再勇于回答问题，同时也会影响其他学生参与课堂教学活动积极性，从而影响到整个课堂教学的效果。因此，教师对学生正确的回答予以表扬，即使学生回答不完整，也应带着鼓励性的口吻给予评价。这样就不至于导致学生从害怕老师提问甚至失去上听力课的兴趣。因此，要想上好听力课，教师必须发挥自己的主导作用，那么如何在上听力课时充分发挥老师的主导作用呢？

　　第一，备课时要认真仔细、深刻领会教材编者在每课和每个练习中的意图；根据学生实际活用教材，有些简单的听力练习要求准确无误；难度较大的练习要根据学生的水平重新设计，逐步引导学生去完成。此外，还要考虑检查的方式和对象，估计学生在做练习时会出现哪些问题和难点，进行分层教学；思考哪些练习应让水平高一些、理解快一些的学生向其他学生做解释，发挥这部分学生的积极性；通过抛砖引玉引导其他学生进行联想、预测、推断等。第二，教师还应该创造轻松的学习环境，对学生多鼓励，消除学生的紧张情绪，可以在听力课上穿插放一些学生喜爱的英文歌曲和轻音乐。

（三）尽量使英语听力教材内容与教学手段多样化

　　教师要使学生能够听懂英语中各种各样的自然表达方式，听力课不能只用一种课本，而应该采用以课本为主，辅以其他材料的形式。现实生活中人们的言语千差万别，听力的内容也应该丰富多彩，要让学生听到和习惯各种不同的声音，包括男女老幼、不同职业、不同文化程度的人们各式各样的说话声音。也就是说，要让学生全方位多层次地接触生活材料。此外，还要在听力材料中增加各种背景声音，增强学生在复杂的背景中准确分辨出语言信息的能力。虽然我们外语课堂上听到的大多是纯正、清晰的语言，但在实际生活中，语言传递信息常常伴有各种干扰因素。因此，听力课上应该充分利用网络资源，安排学生听有杂音的材料。

　　网络条件下，除了正常上课之外，我们还可以开辟第二课堂，为学生创造更多的听的语言环境，使他们有充分的时间练习听力。随着科技的发展，教学手段逐渐高科技化，学校里已装备有多媒体教室、多功能视听室、英语卫星和有线广播电台，教师可以充分利用这些手段安排学生在课余时间收看收听英语教学节目、原文电影、英语有线广播；让学生课外多听录音磁带，收听 VOA、BBC 等英文广播电台。教师运用这些现代媒体，可以提供大量标准、地道的而且是真实实际中使用的自然语言，因而保证教学的语言质量。

（四）做好对学生的指导工作

1. 培养学生良好的心理素质

学生在英语学习的过程中，肯定会遇到不少的困难、干扰和挫折，在情绪波动时，要注意加以认识和调控，化消极情绪为积极情绪。听力提高的一个关键就是要具有良好的心理素质，具有很强的自信心、不怕挫折的坚韧性和持之以恒的忍耐性。此外，针对心理障碍产生的原因，学生应养成多听、多练、专心致志的好习惯，听音时一定要目的明确，讲究实效，长此以往会培养出临场不乱的较强心理素质。

教师帮助学生培养一种良好的听的心理很重要。紧张是学生最常见的一种心理，这种心理现象的产生与教学材料和教学目标有直接关系。大多数的听力教学材料都要求学生去寻求答案地听，为寻求单一的答案，学生往往高度紧张，结果反而不能集中注意力，不能对所接受的信息进行有效的存储和解读。为了缓解学生的紧张心理，教师应该适时调整教学目标，选择适当的教学材料。根据不同的材料和目的，听的方法归结为如下四种情况：①悠闲地听。即没有较明确的目的性，此时所听的内容为一种背景音，听者对所听内容不追求较高的理解率也不必倾注过多的注意力。这种听的方式只有在所听内容突然停止时，听者才意识到声音的存在。然而，这种悠闲地听的方法却常有一定的收获。②为了消遣而听。此时纯粹是为了摆脱某种不快的心绪，听者某种程度上理解所听的内容，但又不分析其实际作用。这种听的方法使听者在一定程度上有所收获，但通常都是些无关紧要的东西。③寻求答案地听。当收听天气预报、交通信息时，听者期望获取短期的或终生难忘的信息。这种听的方法不需要持续过长的注意力。④带分析性、批判性地听。此时的听者不仅要对所听的内容寻求严格的答案，而且要对所获取的答案的正确性进行估计。根据以上几种情况去设定教学目标和选择教材，贯穿整个听力课堂始终，能有效培养学生正常的心理从而有效收听和解读不同的材料。

2. 培养学生的模仿能力

根据听力教材的难易程度，教师可灵活机动地增加多种多样的听力材料，如果语速适中的话，可让学生跟着大声朗读和模仿。研究表明，通过发声器官的运动储存到大脑中的信息，比通过视觉储存到大脑中的信息更牢固。学生只听而不张口说，也就无法知道不同音素之间的差异，体会不出语音的变化和不同语调的含义。通过模仿可以掌握正确的语音和语调，这样学生在轻松、愉快的气氛中既学到了知识，又提高了英语应用能力，从而达到正确使用的目的。

3. 创造较真实的课堂语言环境，激发学生的学习兴趣

爱因斯坦说："兴趣是最好的老师。"它是学生学习的直接动力。因此，要为学生创造较真实的语言环境，调动学生的主观能动性，激发他们的听力兴趣。作为教师，应坚持用流利而又浅显易懂的英语组织教学，使学习者忘掉母语，避免母语对英语听说的干扰，为他们创造良好的课堂语言环境。比如，在讲解新课时，教师可以通过语言的描述、提问、交谈、举例、以旧代新等方法用英语设置情景和语境，帮助学生理解语言项目。此外，教师还可根据教材的内容，利用网络中的图片、实物、模型、幻灯等直观手段，以及表情、动作等身体语言配合所说活动，创造生动的外语情景以吸引学生的注意力，激发学生的学习兴趣。

（五）扩大阅读量、熟知英语国家的背景知识

虽然我们在平时的听力训练中可以帮助学生了解一些欧美国家的历史地理、风俗习惯等方面的知识，但是毕竟带有一定的片面性，远不如通过大量的阅读理解得多。非英语专业的学生无论是在师资力量还是在学习英语的时间上都无法与英语专业的学生相比，因此，对他们来说要想学好英语，阅读是获得英语背景知识的最有效途径。阅读有精读和泛读之分，精读主要强调语法知识和语言点知识的学习和积累，而泛读则以语言文化背景知识以及语言使用习惯为重点。非英语专业的学生应以泛读为主。听力材料涉及的内容极其广泛，如计算机、植物学、动物学、农业、医学、地理、历史、音乐、能源危机、环境保护以及人类的未来等。我们必须熟知英语国家的风土人情、风俗习惯、著名人物以及英语国家的地理、历史、文化背景知识。我们主要了解某一个国家的教育制度（以美国、西欧为主）、各种不同职业情况、公众关心国家大事的情况、各个国家的社会问题，如环境保护、污染控制、妇女解放、社会福利等。如当一听到美国的内容时，我们立刻就会想到非洲裔美国人以及印第安人的历史、移民史，美国各民族争取平等权利的斗争等。因此，教师平时应指导学生多阅读涉及这些方面的文章，以丰富他们的知识，为提高听力水平打下基础。针对因英美文化背景知识贫乏所引起的听力障碍，听者应该有的放矢，加以弥补。首先，应博览群书，尤其是涉及英美文化背景方面的中英文书籍，了解讲英语地域的人文地理、风土人情等，以增加对跨国文化知识的敏感度。E-reading 的推行让这种阅读练习

变得更为便利和可行。其次，要充分利用英语电影、电视及录像等媒体直观地获取相关的信息。另外，还要多读英文小说，小说中不仅包括了大量口语化的表达，而且还包括了大量文化方面的内容。

（六）讲求训练策略，指导学生掌握一些听力技巧

1. 力争做到先看后听，边看边听

先看后听是指在听对话和短文之前，充分利用播放说明的时间及每道题后的 15 秒钟间隙，阅读下一题的四个选择项。根据四个选项的内容可做出预测，以猜测对话的主题及可能会提出的问题。边听边看是指在听录音的同时，阅读四个选项并适当记录，特别是有关数字和时间的题目采用边听边看的方法，效果尤佳。由于学生缺乏系统训练，要达到边听边看的要求，有很大难度。但是，这个技能完全可以通过有针对性的练习达到。

2. 要注意听通篇大意

在听一段话、一篇新闻、一篇故事或演讲时，不要试图听懂每个词、每句话，不要把注意力集中在无关紧要的主要内容、故事大意及演讲的主题思想

3. 要学会听重点和关键词

听重点是识别语篇段落中的重点内容。例如，两人相见，其对话常常是从谈论天气开始，先问候、客套一番，但有时说话间就转了话题，一会儿又转回原话题。这就要求抓重点、抓关键词，舍弃无关紧要的话语。

4. 要学会推理、猜测

依据上下文、生活常识或录音带中的附加信息，如语调、语气以及背景音乐等，对某些听不懂的部分进行合乎情理的推测、猜测。猜测生词可借助构词法推断，可通过列举的例子来推理，也可借助对比来判断词义。学生在实践中所运用的听力理解必须是由以下各种听力技能所组成的：

第一，准确理解数码信息的技能。训练学生能熟练听懂各种数字、时间、日期、人名、地名、字母、电话号码，以及能根据所听材料辨别方向、方位等。

第二，捕捉要点和掌握大意的技能。即培养学生有目的、有选择地接收信息的能力。这是一项重要的听力技巧，其中包括关键词的辨认、要点选择等。在实际生活中，听者的注意力往往只集中于自己感兴趣的信息上，他们会根据自己的目的，从讲话人发出的多种信息中筛选出与己有关的信息。为了使听力训练更接近于实际生活，在教学中给学生创造一种筛取自用信息的环境，给学生人为地制造出各种各样的目的，以训练学生捕捉重要信

息的能力，使学生把注意力集中于录音的某些关键部分，而不是每个词或一句话上。

第三，推导、猜测和想象的技能。在听力练习过程中，学生往往一听到生词就紧张，并且竭力用心去揣摩这个词的含义，以至于影响到整体的理解，抓不住全文的中心要点。

因此训练和培养学生利用上下文的语法结构以及根据说话人的语气、语调、用词及声音效果等推测生词的含义是提高听力的重要技巧之一。

第四，对语调与重音表意功能的识别和运用的技能。英语中降调常表示肯定，升调表示不太肯定。以最简单的答复"Yes"为例，同一个"Yes"，用不同的语调表达含义也不同。同时还要培养识别句子重音的能力，使学生能够根据重音在句子中的不同位置来理解讲话人的意图。

第五，记忆储存的技能。记存能力就是把听到的词、词组或句子记住并迅速加工成意义群储存起来的能力。进行这种训练不仅仅是要求学生听懂几个单词，而且要听出它们之间的关系，并把它们作为一个意群、一个整体进行存储。

第六，做笔记的技能。在记笔记的过程中，主要帮助学生提高对信息的理解，正确区分信息的主次，提高快速记忆与反应速度，培养总结概括的能力。

听力理解能力是语言实用能力的重要组成部分，它不仅有助于促进读、写、说等能力的相应提高和巩固，而且和阅读一样是汲取语言营养不可缺少的渠道，尤其在国际交往日益频繁、科学技术突飞猛进的今天，广播电视、多媒体、互联网等交流手段已进入社会生活的各个角落，通过有声语言来充实语言知识，增强语言能力势必变得更为迫切。在现代信息社会里，有效听力越来越显示出其重要性，因此，培养学生的听力理解能力是高校英语教学的主要内容之一，但也是最艰难的任务之一。面对这样一种现实，高校英语教师不得不对以往的教学进行批判性的反思，并积极探索新的听力教学模式，以改变听力教学难、学生听力理解水平低下的现状。

第二节 英语口语教学策略

一、提升高校英语口语教学质量的策略

（一）课堂教学准备策略

课堂教学准备策略主要是指教师在课堂教学之前所做的有关各项准备工作的策略。教

师需要从目标、学生、教材等方面做准备。

1. 明确教学目标

所要达到的某一具体的、可见的行为结果。换言之，教学目标就是对教学活动必须达到的标准、要求所做的规定或设想，是对学生要掌握的知识、技能以及能力的要求，是设计具体教学任务的依据。每一堂口语课都会有其明确的教学目标。口语课的教学目标可分为两种：一种是语言目标，另一种是交际目标。语言目标是指学生需要掌握的用于交际的词汇、短语、句型等；交际目标是指学生运用所掌握的功能意念进行口头交际所要达到的能力要求。

在设计教学目标时，应注意不要把目标设计得过于宽泛，看起来很难达到，不易把握。因此，在确定教学目标后，要根据学习者的现有水平和能力，把目标细分成一个个小目标，并将其与具体的口语练习活动一一对应。这样口语教学中所有活动都会集中于有意义的方向，避免教学活动陷入盲目的状态，提高教学活动的效率。同时，在向学生描述教学目标时，学生会明确本堂课所要学习的内容和应该达到的交际水平，便于学生评价自己的口语能力，找出与教学目标的差距，从而使学生产生强烈的责任感，强化提高口语交际能力的动机。

2. 灵活运用教材

由于现今高校英语口语教材质量良莠不齐，教师在具体的口语教学中不能盲目地依据教材，而应根据学生的具体情况对教材进行合理的取舍。对教材的使用一般需要进行筛选，然后运用删减、增添、改编和替换的方式。删减指对于教材中明显过时、拼凑、不符合实际语言交际规则的材料要大胆删去，对于一些次重要的语言操作练习可留作课下作业，不必课上处理；增添是指，教师应根据口语教学的具体要求增加部分材料。口语教材在编写过程中不可能考虑到实际使用教材的学生和老师的情况；改编表示对于教材可用的材料进行适当处理，如根据学生的语言表达习惯、认知能力或课堂情境设计的需要对材料的顺序进行调整等，使其服务于本堂口语教学的要求；替换指教材中有些材料是必不可少的，但原材料又不十分适合具体的课堂操作，在这种情况下，教师可以根据自己对教学活动或教学情境设计的需要，从教材以外选择一些比较适当的类似材料进行替换。总之，教师应根据自己教学的实际需要灵活运用教材。

3. 了解教学对象的认知风格

学生是学习的主体，口语教学的有效开展依赖于学生的参与与配合。要保证学生能够积极参与，课堂设计就必须符合学生的认知风格，主要包括学生的认知水平、年龄特点、学习风格等。只有对这些有明确的了解，高校英语口语教学才能真正做到"因材施教"。

由于认知能力的差异，学生所习惯和喜欢的学习方式也就不同。基于大学阶段学生的认知水平，在口语课堂中，学生还是比较喜欢在接近现实生活的情境中通过互动参与的方式学习。

不同年龄段的学生好恶也不同。大学生虽已成年，但其性格尚未十分成熟，有时比较敏感，有一定的自控能力，但也较易受外部环境干扰。这个阶段的年轻人不但重视老师的评价，对于同伴的认可也比较看重。虽然注意力集中的时间已相对较长，但更喜欢在教学中能多一些活动。因此，高校英语口语教学中，教师要注意自己的课堂用语、纠错技巧，如果能在教学中添加一些音频视频的材料，更会受到学生的欢迎。

就口语学习而言，学习风格主要分为外向型和内向型、封闭型和开放型、视觉型、听觉型和动觉型、场依赖型和场独立型。外向型的学生开朗、热情、喜欢与人交流，在课堂上愿意参与游戏、对话、小组讨论、角色扮演等交际性的活动。内向型的学生喜欢独处，不愿意与人多接触，沉默寡言，不善于表达自己的思想，在课堂上喜欢独立思考，喜欢自己独立完成任务，或者与比较熟悉的同学做两人的学习活动。封闭型的学习者善于决策和行动，他们善于制订计划并按规定的期限完成任务，希望掌控并且尽快完成学习任务。他们对歧义容忍度低，难以忍受模糊，希望得到详尽的讲解和明确的指令。开放型的学习者喜欢灵活、顺其自然的学习方式，喜欢放松地享受学习过程，把学习当成娱乐，能从语言学习中获得乐趣。他们不关心规则也不重视规定的时间期限，喜欢通过自然的方式收集信息，喜欢发现式的学习。视觉型、听觉型和动觉型学生，是指在学习过程中喜欢通过眼睛、耳朵、实践和直接经验来学习的人。场依赖型学生对于周围的环境和人有着强烈的兴趣，他们善于利用周围的情境，与人在交流中学习。场独立型学生虽对周围情境表现得疏远，甚至冷漠，但具有极强的分析能力和独立思考能力。尽管学习风格可以培养，也会有所改变，但总体来说相对稳定。所以在安排口语教学时应注意分析本班学生的学习风格并根据其学习风格选择适当的教学手段。

4. 预测教学困难

在具体的口语教学操作阶段可能会出现很多意想不到的情况。教师在备课时应对可能出现的相关问题有足够的估计。例如，计划使用录音机、投影仪等设备营造课堂气氛，如果突然停电或机器出现故障了怎么办？由于一些学生的基础水平相对较差，一些活动超出既定时间，使教学任务没能完成怎么办？教学任务已经完成，但还剩余时间怎么办？如果课堂活动任务太难，难进行互动教学怎么办……为此，教师在备课时应准备出多种方案以及可以替换或补充的活动，只有这样教师在课堂教学中才能成竹在胸，游刃有余。

（二）课堂教学导入策略

"万事贵乎始"，高尔基谈到创作体会时曾说过"开头第一句是最难的，好像音乐里的定调一样，往往要费好长时间才能找到它"。教学亦如此，如果课一开始就没上好，学生就会感到兴味索然，下面的课就难以正常进行。上课伊始，学生的学习心理准备难免不充分，师生之间难免有一定的心理距离。这时教师一定要掌握一些导课的策略，激发学生的智力和情绪，以确保教学目标的顺利完成。

1. 课程导入的基本准则

第一，导课一定要针对本节口语课的教学目标而设计。导课的内容务必要与教学内容有内在联系，而不是游离于教学内容之外，这就要求教师必须准确把握教学内容，保证教学内容的科学性，否则导课只能是一种形式或过场，不能真正起到作用。

第二，导课一定要针对授课对象的年龄特点、心理特点、知识能力基础等实际情况。

第三，导课要使用"先行组织者策略"。它是教师能够帮助学生利用自己的背景知识来学习信息的一种方式，指在学习者已经知道的断裂处建立沟通的桥梁。即上课开始，教师提出一种对新旧知识起连接作用的陈述，被称为"先行组织者"，以帮助学生顺利接受学习材料。

第四，导课一定要简洁。简洁就是要求教师用最少的话语、最短的时间，迅速而巧妙地缩短师生之间的距离以及学生与教材间的距离，将学生的注意力集中到课堂上来。导课一般不易占用过长时间，过长则会影响整个教学进程。实践经验表明，一般以 2~3 分钟较为适宜。

2. 课程导入的基本方法

有经验的教师都很重视导课的环节。导课也是一门艺术，全在于教师基于教材特点和学生实际，进行创造性设计。在口语教学中，教师往往会感到上课开始阶段是最难的。在这一时间段，学生的学习心理准备难免不充分，而英语作为第二语言本身对学生就是一种压力，更何况非常清楚教师期待着自己用英语进行交际，师生之间难免有一定的心理距离。这时，如果教师能够很好地运用一些导课策略，往往能够帮助学生缓解心理焦虑，激发学生的智力和情绪，快速进入学习状态。口语教学中主要的导课方式有：

（1）图片评说

现在的口语教材大都图文并茂，几乎每一单元都配有与教学内容密切相关的插图。教师可以利用教材中的插图进行导入。如让学生在不看教材的情况下，先猜测一下今天所要涉及的主题是什么，或者请一两位学生用简要的语言对图片进行描述，以此来激活学生的认知图式，激发学生开口说英的动机。

（2）话题导入

教师可以根据本堂课的教学内容，提出一个话题先让学生进行讨论，然后发言。在发言过程中学生会遇到很多与表达主题相关的生词、短语、句型等，此时，学生会迫切地想要掌握这些阻碍其表达的相关功能意念，教师可借此机会把教学引入语言教学阶段，并为接下来的活动交际阶段埋下伏笔。

（3）设疑导入

上课开始，教师可先有意设置一个带有启发性的疑问，而又不直接说出答案，只求引起学生思考，造成悬念，从而增强学生学习新内容的浓厚兴趣。造成悬念一般是通过一定的情节，而不是简单直接的提问，这样可使学生越发好奇，求知之心格外迫切，学习新情境的动力也就特别强烈。

（4）媒体导入

随着多媒体和网络技术的飞速发展，利用计算机辅助外语教学已经成为各个高校备受青睐的外语教学模式。在口语教学中，教师完全可以在互联网上找到丰富多彩的音频或视频语言材料作为导课内容，不但可以大大提高英语口语教学效率，还可因为多媒体的可视性强、信息密集度高等优点，激发学生的好奇心，调动其进一步学习的兴趣。

（5）创境导入

运用语言、电化教具等手段，创设一种生动感人的教学情境，模拟真实的语言交际环境，使学生情有所动，产生共鸣，激励他们进入新的教学情境。

导入的形式可以多种多样，其目的只有一个：激发学生的学习兴趣，启迪他们的心智，使他们减少焦虑，开口说话。可以说，导课也是一种创造，是教师智慧的结晶，它为一堂课奠定了成功的基础，为教师顺利授课提供了良好的条件。

（三）实施课堂互动的有效策略

著名语言学家 Long 在"输入假设"理论的基础上进一步研究发现，交际双方为了使交际顺利进行，必须进行"意义协商"，产生"交互修正"，从而提出了"交互假设"理论。双向交际比单向交际更有利于语言的习得。因为在双向交际中，当一方无法理解另一方时，会有机会告知对方。这将促使双方进行意义的协商和交互调整，从而提高语言输入的可理解性。当交互主体间的意义协商被启动调整与修正，学生主体的语言输入、选择性注意与语言输出也就被有效地联系起来。通过意义协商，学习者的注意力转向他所知道与不知道之间的差距，以及第二语言中他了解不多或不了解的领域。

在口语课堂教学中存在诸如教师、学生、教材、环境等多种因素，正是由于它们之间能够产生交互作用，课堂教学才具有潜在的活力可以挖掘。当学生主体与教师主体，以及学生主体之间产生信息差，便会促使交际主体间进行交流与互动，以填补信息差，在这过程中会促使学生向未知的领域主动探索，完成由学得向习得的转变。在口语教学中，只要教学诸因素的互动被激活，口语课堂便会生机勃勃，妙趣横生。实施课堂互动并不是单纯在教学方法上减少教师讲解与提倡师生英语对答，我们所提倡的互动更重要的是发挥教师的创造性与学生的主动性，尤其学生主体间的交互作用，毕竟学生才是课堂教学的主体。

1. 互动教学的内涵

口语教学中的互动主要包括师生互动、生生互动两种模式。师生互动，是指教师与学生为实现既定的教学目标而在共同构建知识与发展能力的过程中所进行的双向交流活动。很多教师认为，只要学生在教师提出问题后做出反馈就实现了互动。事实上，学生只是简单重复教师的话语，或给出教师规定的回答，并未与教师展开有意义的交流，这不是真正意义上的互动。只有当教师对学生的反应再做出应答，继而学生还会再继续做出反应，师生之间如此不断交流时才能说产生了真正的师生互动。

正如并非所有的师生活动都是"师生互动"一样，不是学生之间的一切交往都可称为"生生互动"。第一，它必须是在教师指导下与教学相关的学生活动，任何与教学无关的学生自发行为都不是生生互动。但是，也不是教师指导下的学生活动都属于生生互动的范畴。第二，生生互动必须以每堂课的教学目标为宗旨，离开了教学目标的学生活动不能称为生生互动。

2. 互动教学的任务设计

第一，在任务的设计上要具有真实性和功能性。任务的定义主要是指社会生活中的任务，包括刷墙、填表、给小孩穿衣服、买鞋、订票、借书、考驾照、打印、订房间等日常生活中的各种活动。而不是孤立的或者可以任意组合的课内或课外的教学活动，即"真实世界的任务"。任务的选择只有贴近生活才能引起学生的共鸣，从而产生学习的动机和兴趣。与此同时，成功的互动任务设计还应使学生学会用所学语言进行交流，使学生通过完成一个任务或一系列任务来运用具体的语言知识。有时教师设计的任务过分强调趣味、表演性，学生在完成一个任务时没有多少机会涉及语言知识的运用，这个任务就是失败的。成功的任务设计应具有一定功能性，即应能使学生在课堂上演练在真实生活交际中需要的功能性语言，如怎样询问、解释、说服别人和陈述观点等。

第二，任务的设计应由易到难。由于语言方面的障碍，学生对于各种任务指令最初一定较为排斥，因为从小学到中学再到高中，学生早已习惯了以教师为中心的传统教学模式。因此，突然缺少了教师这个拐杖，学生在心理上一定会觉得非常无助。这时如果马上让学生完成一项对语言能力要求很高的任务，一定会增加学生的焦虑感，很容易丧失信心甚至产生抵触心理，无益于教学的进一步开展。因此，教师的任务设计应充分考虑学生的兴趣、当前的能力和完成任务所需的时间。可针对不同层次、不同能力的学生设计不同任务。学生还可以自由选择如何完成一个任务的方式及完成的顺序。当学生的主体意识被充分调动，情感方面的积极因素才能发挥作用，达到互动的最佳效果。

3. 互动小组划分

在"交互假设"理论出，使输入变得可理解的最终途径就是在会话交互过程中不断地相互协商，对可能出现的理解问题进行调整和修正。因此，在口语教学中，要想真正实现对学生的可理解性输入，教师首先要做的一项工作就是将班级成员进行科学分组，为学生创造能够相互协商的环境。口语教学中每个小组最理想的人数为4人或者6人。据研究表明，4人小组和6人小组是最灵活高效的两种组合方式，因为它们足够小，小到所有的小组成员都能够参与到互动活动中来；它们还足够大，大到对于老师提出的问题能够集思广益、找到答案，对于老师布置的互动任务能够分工合作、按时完成。而且，4和6都是偶数，无论教师布置的任务是二人对话还是戏剧表演，4人组和6人组都是最稳定的，无须重新分组。

在小组成员的划分上一定要根据学生能力合理组合。很多教师习惯让学生自己选择小组成员。学生自然就会与自己比较熟悉的，来自同一个专业的或者英语水平与自己差不多的学生在一起。这不但无益于学生之间知识结构与信息资源的互补，还容易造成能力的两极分化，能说的永远是主角，不能说的永远是观众，达不到互动的目的。教师应首先对班级学生整体水平有个大致了解，在分组时确保每个小组成员在英语水平分配上呈阶梯状，既有优异的，也有一般的和较差的，并且尽量在男女比例、文理科分配上保持各组平衡。

每个小组要任命一个既有责任心又有组织能力的学生作为小组"指挥官"。他们的作用一是组织小组成员完成各项活动任务，促进生生互动，更重要的是协助老师帮助那些水平较差的学生提高口语交际能力。这样一来，教师的负担便会相对减轻，教学效能也将大大提高。当然，小组的划分并不一定是永恒不变的。一旦教师在教学中发现某个小组成员间发生了不可调和的分歧或纪律极差影响到了其他小组任务的完成，一定要当机立断重新分组。

另外一个技术性问题就是小组座位的安排问题。传统教学一般是秧田式的摆放，这不利于小组成员以及学生与教师的互动交流。如果条件允许，可将桌椅重新摆放，每组成员围坐在一起，教师最好站在教室的中央，这样不但小组成员之间方便交流，还不易受其他小组干扰，而教师也可在教学过程中不断在各组之间走动，协助学生解决问题。

4. 互动评价反馈

建构主义教学观念特别强调教师对学生学习过程中的评价在促进学生获得对所学课程积极体验方面具有的重要意义和引导作用，因为这种体验不仅仅是对知识的理解和体会，更重要的是通过这一过程使学生将知识形成自己的东西。有些教师觉得在口语课花时间进行点评是浪费时间，干脆就把这一过程省掉。事实上，学生经过思考、讨论、组织语言再到思想的表达，整个从语言输入、构建再到输出的过程是付出了极大努力的。对于自身的付出，从内心深处，学生是非常想得到来自老师和同龄人的认可的。如果此时教师对于学生的表现不做任何评价，或只是敷衍了事说些不痛不痒的毫无针对性的评价，如"Very good. You all have done a very good job."学生一定会感到非常丧气，久而久之便会失去参与互动的兴趣和动力。

教师反馈可用不同的方式提供给学生，但前提是它必须符合学生的水平，并和学习内容相联系。尤其应该重视纠正性反馈的作用。纠正性反馈可以有多种形式，如要求确认、澄清、元语言提示、纠正错误等。在评价反馈中教师还应重视自己的用语。现代认知建构主义强调以"学"为中心，认为英语学习不仅是获得语言习惯，更是创造性地运用语言。教师在课堂上使用英语不仅是为学习者提供模仿范例和增加语言输入，更应通过自己的语言，促进师生、生生进行交互活动。因此，教师反馈必须明确清晰，根据需要有重心、有选择、系统地进行，并能提供一定的新信息，即包含改正学习者语言错误的具体信息或指出其错误的原因所在，但言语应委婉不应尖刻，以免损伤学生自尊心。

5. 推进互动的方式

（1）思考—结对—分享练习

在口语教学中教师经常发现当教师提问后如果马上让学生发言，其表现一般并不理想。语言从输入到输出是一个知识建构的过程，应分四个步骤来帮助学生完成这一过程。第一，在教师提问后应留给学生足够的时间独立思考；第二，在有了自己的想法后马上与旁边的同学讨论并交换意见；第三，在形成一致意见后便在整个小组与其他结对成员分享看法；第四，整个小组综合各方观点派代表在整个班级发言。这有点类似于小组内的头脑风暴。

（2）课堂辩论

辩论在高校英语口语教学中是一个非常有效的互动教学方式，也是培养学生口语交际能力的最有效的手段之一。辩论主要训练的是学生针对某一具体话题发表观点的语言逻辑组织能力及现实情境中的语言应用能力。辩题可由教师选定也可由学生选定，应具有现实性和争议性。辩题可提前一至两周布置给学生进行资料收集和翻译工作。课堂辩论时班级可分为三大组，分别作为正方、反方和裁判。在规定时间内正反双方进行自由辩论，其间可能会出现某些同学由于求胜心切开始用汉语表达的现象，教师一定要适时纠正。辩论结束，裁判团要分别对正反双方的表现进行针对性点评，对不足之处加以补充。最后，教师对整体表现进行评价，并决定胜负。

（3）趣味性活动

大学生的天性是浪漫活泼的，在英语教学中如果能将趣味性活动与口语教学结合起来，不但可以让学生疲惫的神经得到舒缓，还可拉近师生距离，增加互动教学的趣味性，一定会非常受大学生的欢迎。比如，教唱英文歌曲、猜谜语、跟读绕口令、讲幽默小故事等。

二、计算机辅助条件下提升高校英语口语教学质量的具体做法

当代外语教学观认为，外语课堂由多种因素交织于一体。它们在课堂生态环境中相互影响、相互制约、相互作用，形成了多元的互动关系。事实上，在高校英语口语教学中，除教师与学生的互动外，还存在着人与环境、人与计算机等多对矛盾的互动。

（一）创新英语口语课堂教学模式

1. 积极使用 MOOC（慕课）形式

在当前的大学英语口语教学当中，教师可以选择积极使用 MOOC 的形式开展教学，在教学过程当中，教师可以在充分结合教学内容以及学生实际口语水平后播放相关英语视频等，从而配合英语知识讲解以有效完成口语教学任务。为有效提升教学的有效性，教师在播放视频前可以为学生布置相关问题，引导学生带着问题观看视频。比如说教师在"New Jobs Today"一课的教学当中，教师选择从信使工做出发，充分利用多媒体与互联网等收集大量图片信息与影音视频，要求学生在观看过程中明确信使具体的工作内容以及新时代信使与以往信使工作的异同，之后要求学生进行分组讨论后自行创建教学情境并进行模拟演练，从而有效提升自身的英语口语能力。

鉴于 MOOC 形式非常强调师生的交流与互动，因此，教师在开展英语口语教学时需要

有意识地增加师生的互动，用以随时了解学生的学习情况，在主动解答学生学习疑问的同时对教学内容与进度等进行适当调整。譬如说，教师可以充分借助 MOOC 的资源系统，依托大学生广泛使用的微博、微信、QQ 等社交软件，将电子课件、教案等及时推送给学生，并在教学过程中建立起"交流墙"，利用类似于"弹幕"的方式鼓励学生在一边进行英语学习的同时一边使用手机或其他智能设备在"交流墙"当中提出自己的问题，由教师或其他学生进行随时解答，高效的师生与生生活动和交流也能够有效提升学生的学习效率。

2. 主动运用英语 APP

网络与多媒体技术的蓬勃发展，各样的英语 APP 应运而生，如掌中英语、VOA 慢速英语、BBC 英语、每日必听英语等。学生通过在智能手机、平板电脑等移动客户端当中下载英语 APP 能够随时随地完成英语学习。而利用英语 APP 同样能够有效帮助教师开展大学英语口语教学，以当前最受大学生欢迎的"英语流利说"这一英语 APP 为例，这款软件提供英语单词的查询、对话发音等各种服务，并涉及大量跨文化知识，利用这一英语 APP 学生可以根据自身的实际学习兴趣与学习需求选择需要的课程。该款 APP 设置的课程内容不仅短小精悍，同时能够按照实际情境设置不同的课程内容，如旅游英语、饮食英语、电影英语等。学生在点击进入之后可以根据其提供的真实场景以及口语练习内容进行反复模仿和操练，在点击打分按钮之后学生跟读练习的每一句英语都会由软件自动给出相应评分，并以标红的方式显示出学生读音不准的单词和句子。不仅如此，在"英语流利说"这一 APP 当中还设置了许多与英语口语学习有关的小游戏，学生通过进行人机对话能够获得相应的金币，当金币累积到一定数量时将自动进入下一关，轻松有趣的英语游戏和生动精彩的游戏画面也能够有效激发学生学习和练习英语口语的积极性，通过灵活运用英语 APP 能够实现课堂英语口语教学的拓展与延伸。

(1) 安排管理学习进度

为了有效实现传统英语口语教学的延伸，教师可以充分运用 MOOC 形式或是英语 APP 建立健全课下口语学习监督体系，在给予学生极大学习自主权与自由权，使其在根据自身学习兴趣与学习需求安排口语练习与学习时间和内容的基础之上，也能够有效帮助学生强化语言知识，监督其不断加强口语训练。如在当前的可可英语 APP 当中，根据学生的具体年级以及大学英语四级、六级、托福、雅思等分类，为不同学习需求的学生提供不同的学习课程数目与内容，学生可以自行安排学习时间与进度，在完成 APP 提供的学习任务之后学生可以获得相应的分数和奖励。

(2) 建立学习成长档案

为使教学内容能够更好地贴合学生的实际情况和学习能力，教师可以利用英语 APP

对学生的学习次数、进步情况等进行全面了解，并建立起相应的学习成长档案。如学生根据课程利用"掌中英语"APP 完成口语学习和练习之后，点击 APP 当中的学习记录按钮，APP 将自动通过截屏并按照时间顺序进行编号，将学生在训练和英语游戏等其他活动当中获得的成绩与分数保存到"口语学习成长"文件夹当中，之后学生可以利用微信、QQ 等直接将文件夹发送至教师处即可，教师则可以通过接收学生传输的学习档案了解其真实的学习情况来为学生制定出更加具有针对性的教学方案。

（3）师生、生生共同监督

在敦促学生完成大学英语口语学习的过程当中，需要教师和学生的共同配合。因此，教师可以利用 MOOC 或是英语 APP 当中的语音交流功能，引导学生根据自己的实际需要以及兴趣爱好等建立英语口语学习小组，保障每个小组中能够有四或六名学生，小组学生需要共同参与完成英语 APP 或是 MOOC 学习平台当中给出的相关教学任务，同时学生也可以在语音交流平台当中匿名发言，提出自己的学习感受、学习体会或是疑难问题，而教师则可以积极参与学生的话题讨论，使用语音或是与文字与学生随时进行交流和沟通，鼓励学生主动完成英语口语的学习以及相关练习。

3. 创新教学评价和测试方法

（1）在线及时评价

教师在开展大学英语口语教学的过程当中应当充分重视对学生的学习评价，使其能够及时明确自身在学习过程中存在的不足与问题，从而可以有针对性地进行调整和改善。而在此过程当中教师可以通过借鉴和应用 MOOC 教学形式中的学分制评价模式，在这一模式中，学生如果能够顺利通过考核则可以获得相应的学分，但如果在本轮的评价考核当中学生没有通过，则其可以自动进入到下一轮的考核评价中。

（2）人机口语测试

网络与多媒体环境之下，教师需要积极对大学英语口语的考核方式进行创新和改革。考虑到教师在以往对学生进行口语测试的过程中，对学生语音语调等正确与否的判断容易受主观因素的影响，因此，可以通过积极运用英语 APP 等利用人机结合的方式完成口语测试。

综上所述，英语口语交际能力培养应贯穿于英语口语教学的各个环节，教学策略作为教学设计的中心环节，为教师提供了具有可操作性和针对性的教学方法和技巧，在网络多媒体条件下应合理应用口语教学策略来有效提高学生的口语交际能力。

第三节　英语阅读教学策略

一、科学合理地选择阅读材料

英语阅读是一门技巧训练课程，学生要通过大量的阅读训练来掌握阅读的技巧。因此，科学合理地选择阅读材料是网络多媒体辅助英语阅读教学的关键环节。素材内容不应脱离课本孤立存在，而要贴近课堂，成为教学内容的一环。在上新课前，教师应布置学生去搜索阅读一些和教学内容相关的网上资料，培养学生查询资料、获取信息的能力。每次授课前，教师都应仔细寻找比较适合学生阅读的网站，介绍给学生一些参考的网址，并且要求学生在自己的学习小组上以英语报告的形式进行交流；每单元抽选几个学生作课堂报告，再由教师对学生的表现做出适当的口头评价或者由学生互相评定。

二、发挥网络互动优势，激发学生学习兴趣

网络多媒体辅助教学的平台应提供一个广泛的互动空间，网络辅助教学的素材应成为师生共享的学习资源，并吸引学生广泛参与网络教学活动，通过网络为教师和学生提供一个上传学习资源的空间，实现资源共享。在课堂教学中，教师应根据教材有目的地建立一个网络阅读资源库，将教材中的重点、难点放在所有学生都能浏览的网页上，并且补充大量的课外阅读内容，以加深学生对教材的理解。为避免学生感到乏味，教师还应充分发挥多媒体和网络的优势，在学习资料中添加一些与教学内容相关的图片、漫画、动画、电影片断，并在字体大小、颜色、排版等方面充分考虑到学生的喜好，选取一些与学生生活背景相关的知识性文章来增加网络辅助教学的趣味性。同时，由于利用网络资源库进行教学，学生无法预习阅读内容，教师可以在课堂上即时选定阅读材料，规定时间，安排学生做一些强化阅读训练，反复训练学生查读、寻读和浏览的能力，在不同学习阶段通过网上自测或者试卷测试来检验学生的阅读速度和理解的准确性，从而培养学生的快速阅读能力。

三、积极开展课后拓展阅读

在课堂阅读的基础上，要积极开展课后的拓展阅读，并着重强调学生阅读与动笔练习相结合。要通过长期刻苦的阅读训练，使学生在阅读的过程中能够很快集中注意力。教师

在引导过程中，应利用各种机会激发学生的阅读兴趣。可根据教材各单元内容开展主题活动，要求学生根据各自感兴趣的主题广泛搜索阅读网上的英文资料，整理并做出书面报告，最后进行演讲比赛。通过这样的活动，学生不仅可以更好地掌握教材各个单元的内容，同时还锻炼了归纳和写作的能力。

四、科学评估，分类指导

网络多媒体辅助大学英语阅读教学应有明确的教学目标和评估标准。要设计一套科学合理的教学评估方法，教师可通过对阅读素材的生词词汇量、语法难易度、句子长度等指标衡量学生的英语阅读理解能力。由于电脑可以对学生在线时间进行计时，教师还可以统计学生的阅读时间和效率。此外，还要通过对学生考核的客观反馈，即通过在某些题型上的错误率，对学生掌握的阅读技能的情况进行分析。教师应在教学任务完成后及时进行总结和评估。对相关的阅读技巧、阅读难点加以分类指导，对某些语法现象和难词生词进行解释。通过上述手段充分发掘网络多媒体在大学英语阅读教学中的积极作用，进而促进大学英语整体教学水平的不断提高。

与此同时，在信息化时代网络多媒体的辅助作用下，除了大学英语教师从教学阅读材料的选择、使用和评估方面尽可能地整合现代信息技术和大学英语阅读教学，以期提高阅读教学质量外，从实际的大学英语阅读教学来看，对学习者主体的研究可以使英语教师更好地了解学习主体，从而设计出更好的英语教学方法。

（一）加强文化背景知识的学习，提高语言应用能力

学习外语的过程是个积极的过程，学习者原有知识和现有外语知识对任何一个阶段的外语习得均有很重要的影响，教师要善于引导学生充分利用原有和现有的知识，获取新知识，巩固现有知识。教师也可以对学习者的学习策略加以引导，学习策略与语言学习能力有关，学习者应充分利用学习策略提高语言学习能力。

作为外语学习的主体——学生，在语言学习过程中，既要重视语言形式，也要重视语言功能，从强化交际教学入手，充分调动学生的积极性和主动性，增加学生的内在动机，使学生的听、说、读、写、译能力均衡发展，提高学生外语综合素质，以达到能够灵活运用语言，进行交际的目的。

不同的民族有着不同的风俗习惯和思维方式，这些都必然会融入各自的语言中，正是这种文化上的差异，使我们在接受别的语言形式时受到制约，不习惯用对方的语言来理解对方的真实意图，从而造成阅读障碍，在教学过程中，我们常常会听到学生抱怨，尽管他

们在阅读方面下了不少功夫，花费了大量的时间和精力，却没有收到理想的效果。究其原因，主要有三：第一是基础词汇量小；第二是缺乏根据语用环境去联想和进行思维扩展的能力；第三是不熟悉语言使用的环境和背景知识。培养学生具有较强的阅读能力，是高校英语教学的基本要求，制约阅读能力提高的因素有很多，除必要的语言知识、必备的基础词汇量以及熟练的阅读技巧外，背景知识掌握的深度和广度，也是影响阅读理解能力提高的一个重要方面。母语习得的经验告诉我们，一篇文章，如果我们对它的政治、历史、地理和文化背景都比较熟悉，那么理解起来就更容易、更深刻。即便文章中有一些生僻的词，也不会妨碍我们通过意义连贯和推理来理解文章的内涵。反之，如果对历史文化背景缺乏必要的知识，往往会影响到对词义、句义、比喻意义、委婉语、成语等语言现象的正确理解，导致交际失败。

语言教学与社会文化是一个相互关联的整体。在语言学习中，不同语言之间的文化差异，需要通过教学活动来沟通，从而揭示出语言本身所涵盖的全部内容，帮助学生了解目的语在上下文背景和文化背景下的语用功能及其文化规范，培养学生由于文化差异产生的交际障碍的消除能力，不断提高阅读水平。

（二）培养学生的英语思维定式，逐步提高英语阅读技巧

学习语言最重要的是培养语言模式感，如果一个英语学习者能够将英语语法关系概念的表达结构用框架排出句子模式来，他就了解了英语语法。如果他能自然而习惯地理顺这种关系概念的表达结构去运用语言，表达思想情感，那么，他就养成了英语思维定式。语言模式感也是阅读能力的一个重要方面。在英语阅读中，每当我们遇到复杂的句子时，我们总是先厘清句子的脉络和框架。我们在进行有意义阅读时，也都是以句子的结构为外在的意群单位。英语句子结构模式的掌握，是高效英语阅读的前提。对句子的理解首先是对句子结构模式的理解。使句子结构模式成为导读的思路，化为阅读过程中的语感，就促进了思维定式的成形。

训练英语思维定式可通过以下方式：

第一，通过朗读课文的方式。朗读是将语言知识转化为语言能力的一种有效手段，尤其是在阅读知识转化为表达能力时，朗读的作用尤为重要。通过朗读课文的方式，读者可以培养英语句型模式感，将句子所表达的意义外化在语言表达方式和句子结构上。

第二，通过句型训练的方式。句型快速反应训练也是培养英语思维定式的有效办法。英语基本句型有限，基本句型的扩展也是有规则的，外语学习者要尽快熟悉这些句型及其扩展规则，尽快将约定俗成的句型及其规则同化到语言感知的思维定式中。

第三，通过视觉感知训练的方式。通过朗读课文或句型训练之后，可以进行视觉感知的快速训练，以提高思维定式的反应速度，训练时既可使用学生没有读过的文章，也可使用超出学生阅读才能的阅读材料，以锻炼他们的阅读语能。

外语教师要使学生明白，阅读理解是一个积极的思维活动，在阅读时一定要进行积极的阅读。为了使学生能够进行高效阅读，教会学生一些阅读技巧是必不可少的。

实践证明，阅读能力的提高与以下技能的培养密切相关：①预测技能。②获得特定信息的技能。③获得具体印象的技能。④推测作者态度和倾向性的技能。⑤根据上下文推测词义的技能。

在进行阅读时，教师应引导学生恰当地调整阅读速度，把注意力集中在关键词句和段落上，合理地利用以上介绍的不同阅读技能，以逐步提高阅读理解水平。

在教学实践中，教师让学生带着问题阅读，或引导阅读同样能有效地提高学生的阅读理解水平。教师让学生带着问题阅读是提高阅读理解能力的关键。为了理解阅读的内容，阅读时既要虚心，又要有好奇心。无论在阅读前、阅读中或阅读后，都要多向自己提些问题，教师要鼓励学生多用自我提高的阅读方法来检查学习者的外语阅读理解能力。

引导阅读法也称作"三读法"。在这种阅读教学活动中，教师给学生提出不同的阅读方法和任务，学生在阅读前、中、后可围绕这些任务开展阅读活动。

第一，预先阅读。在正式阅读前教师可根据阅读文章的内容等提出一些问题，供读者思考、回答，使其对他们进行下一步的阅读理解有所帮助。如关于阅读文章的一些背景知识，先教生词、语法、学习策略等。

第二，在阅读中。当学生开始阅读时，教师可给学生提出阅读任务和一系列阅读方法，如默读、泛读等。

第三，在阅读后。阅读后的活动很多，如继续学单词、语法理解等，还有交际活动、写作任务、学习技能等。

总之，技巧是习得的，是每个阅读者在实际阅读过程中无意识地使用的种种方法，而策略则是阅读者为了解决某一个具体问题采用的某一种手段和方法。这两者都可以通过有意识的训练而获得。

（三）提高英语阅读速度，养成良好的阅读习惯

阅读是获得情报信息最迅速、最快捷的方法之一，大量信息都是从阅读中获取的。在当今世界日新月异的发展形势下，要跟上时代的步伐，及时获得各种有用的信息是至关重要的。这就要求我们必须具有高超的阅读技巧，拥有迅速获得信息的能力。同时，这也是

素质教育培养实用型、复合型外语人才所赋予我们的基本要求。因此，培养学生在校期间良好的阅读方法和习惯，提高学生英语快速阅读理解能力是非常重要的。那么如何才能达到有效的快速阅读和理解呢？我们认为，通过如下途径，可以提高学生的阅读速度：

第一，要有时间限制，要有一定的强迫性。对学生进行一定量的计时、限时阅读训练，是提高英语阅读速度的有效途径。让学生计时、限时地阅读一系列文章片段，并围绕这些文章片段提出种种有助于提高理解率的问题，让学生回答，即理解测试，这对提高学生阅读速度和理解水平是非常有益的。当然这种计时、限时的阅读训练应尽量选在学生学习的最佳状态之时。例如，可选在一节课的前1/3时进行。合适的时间，优化的环境可使学生尽快地进入角色，以达到训练的最佳效果，而课堂上讲解的训练方法则是为提高学生阅读速度所进行的技能技巧的训练。这种训练可以是一般性的、有关阅读方法的训练。如指出阅读中常见的毛病，像手指读、出声读、默读、心读等。眼睛运动如识别间距、复视等；有时可以进行专门的单项训练，如意义读、跳读、略读、猜词、利用构词法或上下文等。但无论采用什么样的方法或手段，都应体现灵活多样的原则，都要符合和满足学生的实际水平和需要，而且自始至终都要有时间这个概念，必须在一定的时间里达到训练的要求。

第二，要讲练、讨论相结合，练习、讨论为主，讲解为辅。有效的快速阅读理解训练，除了要有时间限制，有强迫性外，还应注重讲练结合，有所侧重。

第三，让学生学会略读。略读就是一个人能达到的最快速度的阅读，即以最快的速度获得作者的主要观点。当读者需要浏览一遍有关经济主题的英语阅读材料或需要获得国际商务方面的某一方面信息时，往往采取这种阅读方式。同时不需要高度理解时也可以略读。但这并不意味着略读时理解率就低得惊人。它只不过略低于精读速度或普通阅读速度的理解程度。普遍阅读的理解率一般在70%~80%，而略读达到50%即可。因此，略读不同于普通阅读的一个特点就是在进行普通阅读时，学生要一字不漏地读完全部材料，而略读时却要有选择地省去一部分材料不读，如学生认为已经抓住了文章内容的主要思想，他就可以省去一个段落的3/4或一半不读，可以有意识地降低理解率。

进行略读训练对阅读速度的提高具有很大的促进作用。进行大量的略读训练，可使学生逐步达到一目十行之功效，从而跟上信息时代发展的要求。现代社会各类书籍资料令人目不暇接，要想从中获取对自己有用的知识就必须具备这种阅读能力，以在同样的时间里获取比别人更多的所需的东西。当然略读并不是一种在任何时候都必须使用的技巧，也不可能完全取代普通阅读或精读。至于什么时候该略读、什么时候精读则完全取决于读者的需要。总之，学会略读不仅可以帮助学生在汗牛充栋的资料中及时猎取对自己有用的知识，以获得相关领域的最新信息，同时也可以促进阅读速度和阅读理解水平的提高。

第四，注意培养学生良好的阅读习惯。目前，学生的阅读速度和理解水平都普遍地偏低，这主要是由于错误的阅读习惯和方法造成的。阅读时过多地依赖词典，逐字逐句地分析，结果只读懂了只言片语，却看不懂整体，因而阅读速度和理解水平都受到了限制。

不良的阅读习惯也会影响学生阅读速度和理解水平。阅读能力差的学生往往会有许多不良的阅读习惯，其中最常见的就是阅读中身体的某些部位作多余的活动。例如，有些学生为了在阅读中集中注意力，常常用手指、钢笔等指着一个字一个字地读，或者是头跟着摆动，以使眼睛对准正在读的每个字上。另外一种阅读中常见的毛病就是复视。这表明学生在读一个词或一个短语，而不是在理解全句。尤其是习惯性的复视对提高阅读速度是极为不利的。要克服这些毛病，从而达到有效地快速阅读，关键是要培养学生良好的阅读方法和习惯。

阅读能力强的学生，每读 2~3 个字后，眼睛才停顿一下。而阅读能力差的学生，则每读一个字，甚至不到一个字就要停顿一次。所以增大识别间距是提高阅读速度的有效途径之一。

复视习惯的养成可能是由于学生阅读了大量程度不适的文章，或者是由于学生在阅读时追求"尽善尽美"造成的，即要把文章中出现的每个单词、词组和句子都弄得明明白白，精读课往往如此。阅读中追求所谓的完美，对阅读过的每个句子总是不放心的，加之文章的内容、程度偏难就势必导致复视的坏习惯。因此要克服它，教师有责任为学生尽量选择一些难度适宜、符合学生实际水平的读物。同时要帮助学生树立自信心，只要认真阅读，积极思考就一定能明白作者所表达的思想，理解文章的主题，而不必回过头来重复阅读。当然，有时遇到生词或不太懂得的短语再看一眼也是可以的。

（四）革新教学方法，提高学生英语阅读的效率

如何改革现有的教学模式、教学方式，提高外语教学效率，已成为外语界共同关注的核心问题。

第一，跳出单一学科的传统视角，从多边学科角度研究外语教学问题。除了运用国内外应用语言学和二语习得成果之外，我们还应从教育心理学、认知心理学、教育技术的研究成果和新的发展中汲取营养，丰富外语教学理论，找出实现高效外语教学途径。

第二，变"应试教育"为"素质教育"，介意认为"应试教育"着重解决的是知识层面的教育，而"素质教育"则着重解决的是实际应用能力，独立思考能力，创新能力等较高层次的能力培养问题。

第三，利用多媒体教学技术为学习者提供仿真语言学习环境，充分考虑学习者的多层智力倾向、认知风格差异，促进外语学习个别化。

第四，树立全新的以学生为中心的教育理念。彻底改变传统的以教师为中心的课堂教学模式，变"满堂灌"为讨论式，变"以教师为主体"为"以学生为中心"，"教"服从于"学"根据"学"的需要随时调整"教"。实际上，外语是"学"会的而不是"教"会的，抓住了"学"就是抓住了关键所在，也就找到了解决问题的钥匙，英语学习的效果在很大程度上取决于学生的主观能动性和参与性。要将新知识和已有的知识相结合，要将语言技能从理论形态转换为实践形态，都必须通过学生自身的实践活动来完成。

英语阅读水平的高低是衡量英语学习者综合水平的重要体现，在科技革命和信息时代的今天，具有高效的阅读方法是非常重要的。高效的阅读能力是需要训练和培养的，而科学的阅读训练和培养必须以阅读理论为基础，研究英语阅读理论的目的在于更好地进行阅读实践，无论是英语学习性阅读还是英语应用性阅读都要讲究阅读效率。阅读效率的提高取决于读者的阅读能力和适当的阅读方法。而培养阅读能力的方法必须以阅读理论为指挥棒。除此之外，读者还必须了解制约阅读理解能力和阅读速度提高的相关因素，这样才能采取相应的学习策略，做到有的放矢，最终使阅读水平得到提高。

第四节　英语写作教学策略

一、提高高校英语写作教学有效性的具体方法

（一）英语写作教学法的具体应用

1. 语法翻译法的应用

这种方法可以帮助学生在中文和英文的表达方式上进行比较，使学生逐步摆脱用中文方式表达英文思想的错误做法，适合应用于英语写作教学的初级阶段，尤其对基础知识薄弱、写作能力还比较欠缺的学生。

在具体的教学实践中，教师让学生把一些简单的中文句子翻译成地道的英文，学生能迅速意识到他们在英文写作中所犯的一些低级错误。当然，对于基础较好、已经具备一定写作能力的学生而言，这种训练会让他们觉得枯燥乏味，成就动机不强，甚至可能损害他们的学习积极性。因此，使用这种教学方法一定不能脱离对学生已有知识基础和写作水平

的分析。

2. 直接教学法和听说教学法

结合具体的教学实践，在教学中使用直接教学法和听说教学法，需要正确地认识到口语训练和写作教学之间的关系：尽管写作课的教学大纲中没有专门训练口语的内容，但通过尽量采用英语讲解写作教学内容，并要求学生尽量用英语回答写作教学中的相关问题，还是可以达到以口语训练促进书面写作的目的。

3. 结果教学法

这种方法在写作教学中被经常使用，具体而言，通过教学中对学生的作文进行全批全改，能够让学生至少从思想上引起对他们在写作中的错误的重视，从而在今后的写作中尽量加以避免。

同时，在应用这种教学法时，为防止学生在写作中过分注重语法，却忽略思想表达这种情况的出现，在教学实践中需要学生在每次作文正文前写出文章的详细提纲，这样可以使他们的表达建立在仔细构思的基础上，而不是随意讲述观点。

4. 过程教学法

当前，高校英语写作教学的教学组织形式主要还是班级授课制，且教学时间非常有限，往往一周仅一次专门的写作课，这就不太有利于过程教学法的开展。不过，过程教学法在提高写作教学有效性方面具有独特的作用。

在教学实践中，这种教学法要求允许学生在课堂限时写作中随时举手，就写作过程中碰到的任何问题寻求老师的帮助。通过这种方式获得的好处有：让学生把他（她）自己的思维方式跟老师的思维方式相比较，从而明白努力的方向；让学生知道应该关注英语的一词多义；让学生知道应该如何展开某个观点，扩大学生的知识面。此外，在教学中，如果条件具备，还可以鼓励学生把写好的作文通过电子邮件发来修改。电脑上进行的修改能够清楚地显示学生的错误以及应该怎么纠正，同时还附加简单的评语，这种方式的效果是显而易见的。

5. 体裁教学法

在教学实际中，从一种体裁的写作过渡到下一种体裁的写作时，特别是讲解应用文的写作时，体裁法可得到有效使用。

实践表明，学生对文章体裁的意识是模糊的，很多学生对英文中说明文与议论文的差别不是很清楚，在写作时也经常把说明文写成了议论文。此外，怎样才能写出得体的应用文，对多数学生来说也是一个难点。因此，教师应当在教学过程中对这些不同体裁的文章进行比较，同时提供范文供学生参考。这种教学法还能让学生注意到文章的交际功能，也注意到东西方民族在进行书面交际时采用的不同表达顺序和方式。

（二）教学理论的具体应用

在教学理论中，主要涉及了教师的人格因素、师生互动以及教学环境和媒体等。在实际教学中，要充分运用这些原理，促进有效教学的真正实现。

这需要教师不摆"权威"或"中心"的架子，采用具有亲和力的授课方式，鼓励学生积极参与课堂教学。

调查研究发现，写作教学课的气氛如果界定为"轻松，没有压力"，老师比较"和蔼可亲"，这种课堂教学氛围下的教学效果也往往比较明显。因为在这种教学环境下，师生之间能够积极互动，相互配合，圆满地完成各项教学任务。

但是，轻松和谐的课堂教学氛围并不意味着放松对学生的教学要求，更不意味着放弃教学的基本目标，恰恰相反，轻松和谐的课堂氛围是为了更好地符合教学要求和达成教学目标。

（三）重视学生的学习体验

要让学生感觉真正学到了东西，每次学习都有进步，这就需要在教学设计和具体的教学实践中充分考虑学生自身的学习体验。

学生的学习体验影响学生的学习动力。在教学过程中要及时了解学生的学习体验并进行调节，发现学生有比较消极的情绪体验时，如学生觉得写作课比较枯燥乏味，就要适当调整教学内容、方式和方法等，把整个学习过程安排得既有实际内容，又出乎学生的意料，从而能吸引学生的注意力，充分利用有限的教学时间。

二、高校英语写作教学有效性影响因素在教学实践中的应用

教师是影响写作教学的核心要素，不过，教师必须充分认识到学生在英语写作中遇到的巨大困难，并有思想上的准备，真正发挥教师在写作教学实践中的主导作用。

（一）教师因素

在写作教学实践中，当教师初次见到学生写出糟糕得出乎意料的文章时，应该仔细了解学生在写作过程中的体验，了解到学生其实在写作过程中也付出了巨大的努力，只是由于各种原因的综合作用，才出现了上述状况。在这种情况下，老师更要充分摆正自己作为

优秀的写作者、公正的读者以及善意的教练的位置，配合学生的努力，并结合学习方法上的指导，使学生有所进步。同时，要看到学生的点滴进步，并随时加以鼓励，这才是一个高校英语写作教师应该采取的态度。

教师必须加强自身的学习，努力扩大自己的知识面，并经常补充教学理论知识和总结实践经验。教师的知识来源于平时工作的积累和主动的学习。作为从事语言教学的教师，必须充分把握语言习得的规律，且结合自身的学习体验，设身处地地理解学生的学习心理，随时观察学生的学习状况，采取既符合语言规律又切合学生实际的写作教学方法。学生对教师有着各种不同的期待。根据个别访谈的结果，有的学生"希望老师上课时能更幽默，教学方法更灵活，包括：组织游戏，板书更清晰，语音更标准"，有的学生希望"老师能调动学生的兴趣和积极性，有上课的重点和目的性等，甚至有好的开场白"，有的学生希望"老师知识面广"，有的学生希望"老师让学生明白每堂课要达到的目的，以及老师备课的思路"，有的学生希望"老师的讲解更系统，提供参考用的范文，以及讲解与四、六级考试有关的问题"，等等。

学生的这些期待未必一定都能得到满足，但是应该成为老师努力追求的方向。只有当老师通过自身的专业发展和工作经验的积累，满足了这些期待时，才能真正实现有效的教学。

关于教师的教学行为和表现，教师应该在自己力所能及的范围内，采取最优化的教学管理方式。其中，最重要的是实现良好的课堂管理。要实现这个目标，需要教师和学生的共同努力和相互配合。对于不同的教学对象，需要根据实际情况，采取相同、相近或不同的课堂管理方式。在有效进行课堂管理的基础上，才能实现教学内容的充分传递和课堂时间的高效利用。这一点在采用大班教学时显得尤为重要。此外，教师还应关注学生的课外时间，鼓励学生在课外广泛阅读和通过记英文日记等方式练笔。

（二）学生因素

第一，由于学生在高校英语写作教学中的主体地位，在教学过程应当始终坚持"以学生为中心"。这一点是与上述教师在教学中的主导地位相对应的。只有真正实现"以学生为中心"，才能实现学生的自主学习。换句话说，要降低学生对老师的依赖性，强调学生要主动地、有计划地学习。对于英语写作教学来说，应当教会学生在平时广泛阅读，接受大量的语言信息输入，为写作提供丰富的原材料。

第二，教师要充分了解学生已有的认知水平。可能的话，教师还应当了解形成学生已有的认知水平的原因或背景。否则，就不会使高校英语写作教学建立在实事求是的基础上，有盲人摸象的嫌疑。特别是在对那些基础较差、学习积极性不高的学生时，如果不事先掌握好情况，教师也会在学生糟糕的写作面前受到沉重的打击。

第三，学生的人格因素与其学习效果密切相关。针对这一点，教师应当充分了解学生的智力水平、性格、学习动机，特别是在英语学习中时常出现的学习焦虑。在布置写作任务或进行课堂提问时，教师也应当考虑这些因素的影响，并针对不同的情况，采取措施促使这些因素朝好的方向发展。例如，在布置较难的写作任务时，可以对任务进行分解，同时先以一些必要的背景知识作为铺垫，这样可以降低任务的难度，减轻学生对于写作课的焦虑情绪。此外，如果学生的学习动机具有较多的功利性，往往在学习中急于求成，不能按照语言的规律按部就班地安排学习过程，此时需要让学生认识到英语学习的长期性和渐进性，培养学生对英语本身的兴趣，把工具性动机转化为融入性动机。

第四，对学生的学习策略进行引导。教师应当培养学生的策略意识和元认知，必要时应进行策略培训。尤其是那些学习状况欠佳的学生，往往是其学习的策略出了问题。在这种情况下，需要向其灌输英语学习的元认知知识，促使其改掉不良的学习策略，采取符合语言规律的学习策略。例如，有的学生不明白英语学习中输入与输出的关系，导致在写作学习中不重视输入，以为多练笔就可以把写作学好。殊不知，英语写作是必须以大量正确的输入为前提的。

培养学生的自主学习能力，是实现学生的可持续发展的需要。在实际教学中，自主学习能力较强的学生，往往具有较高的元认知，自学能力强、学习方法对，学习效率也相对较高，对老师的依赖程度小，同时又能虚心听取老师的意见和建议。

（三）过程因素

第一，在任务的布置上，教师应当针对不同的教学需要，布置各种不同的写作任务。布置任务时，应当特别注意任务的难度和可行性，应当交代清楚任务要达到的目的。一般情况下，可以在布置任务之前或同时，提供相关的范文作为参考。在回答"你认为范文有什么作用？作用大不大？"这一问题时，大部分受访者都肯定了范文在演示写作框架和常用句型方面的作用，特别是在提供写作框架和句型方面，但是他们的潜台词似乎都是认为仅仅局限于范文是不够的。

第二，在构思过程中，教师应当提供充分的协助，因为学生在思维方式上还有跟英文思维不协调的情况。比如，可以要求学生写出提纲，教师对提纲进行检查，对不符合英语思维方式和写作习惯的地方加以纠正。在回答"你写作的习惯是先构思还是一边写一边构思？"这一问题时，大部分受访者都表示会进行或多或少的构思。这表明，在布置写作任务的同时或之后，教师对学生的构思方法进行指导，是十分必要的。

第三，对写作过程的指导非常重要，因为一般来说，学生作为不成熟的写作者，在写作练习中碰到困难时肯定需要教师的协助。

（四）环境因素

第一，教师和学校有责任给学生提供最优的语言和文化环境。在中国这个以汉语为母语的环境下进行英语教学，应当给学生提供尽可能多的接触原版外语和直接与外国人沟通的机会。具体来讲，可以订阅更多的外文原版报纸和杂志、聘请更多的外教、举行有外国人参加的口语角、举行英美文化知识讲座等。在这样的语言和文化环境下，学生在英语方面的进步更值得期待。

第二，教学环境特别是课堂教学环境的优化也很重要。只有具备良好的课堂教学环境包括班级规模、课堂心理气氛、教学设备、教材和教学空间的设计等，才能保证高校英语写作的教学实现预期的教学效果。目前，符合学生实际的写作教材还比较缺乏，要求我们在教学实践中采用教材与课外补充材料相结合的办法，从一定程度上减轻这一缺陷带来的影响，由于写作这门课程相对比较枯燥，学生普遍希望课堂气氛更活跃，有更多的师生互动。学生在这方面的需求也是教师在教学中需要着重处理的，处理的方法是采取合适的教学内容和教学风格。

三、信息网络技术与高校英语写作课程的整合

信息网络技术的日益发展及与课程的整合正深刻地影响和改变着各学科的生态。这为大学英语学习与教学创造了新的契机，越来越多的高校在大学英语的课堂上引入了现代教学技术，即利用多媒体和网络进行教学，使大学英语教学呈现良好的发展趋势。大学英语写作是衡量学生综合水平和应用能力的重要指标，由于语言环境限制和语料摄入不足等因素的影响，中国大学生的英语写作能力不容乐观，为弥补和改进大学英语传统写作教学的不足之处，写作课的教学方式已有所改变，网上写作、在线讨论、博客等在线交流方式已被部分教师应用于教学实践，利用网络辅助大学英语写作教学势在必行。

第五节　英语翻译教学策略

一、采用多元化教学模式，注重学生主体作用的发挥

在新的发展环境下，大学老师需要摒弃先前的照本宣科式的教学方式，改变传统以老师为主导的教学模式，要学会将学生视为整个教学活动的主体，根据学生的学习能力、基础水平，合理规划教学进度，制定一个能够实现且可以鼓舞学生积极学习的学习目标。以商务英语为例，在正式进入课堂教学之前，老师可通过各种方式向学生展示与商务英语相关且令他们感兴趣的视频资料或者图文信息，以此培养学生学习商务英语的兴趣与热情，鼓励他们利用课余时间主动学习商务英语。老师可选择并播放和商务英语相关的电影，让学生在观看视频的基础上，掌握基础知识和翻译技巧。另外，老师也可打破常规授课模式，结合实际情况将学生按组划分，让他们结合教材内容进行实战演练，老师需基于学生表现、翻译水平给出客观、公正的评分，对于演练过程中所出现的各种翻译问题，老师需明确，并指出学生正确翻译的方法。

二、全面、科学把握高校英语翻译特征

高校英语翻译并不是单纯的文本型翻译，它不仅需要完整地表述原文，还需要注重翻译的准确性与专业性。以商务英语为例，翻译者不仅要懂得一定的商务经济知识，还需要具有扎实的翻译功底，全面、科学把握商务经济英语翻译的特征。首先，商务经济英语并非一成不变的，它会随着时代的发展、经贸联系的密切而延伸出诸多新生词汇和专业术语，而这要求实践教学活动要与时俱进，传授学生当前应用广泛的知识，而非陈旧、过时的知识。其次，商务经济英语具有显著的社会学特征。种族不同、区域不同，其文化特征也就存在相应的差异，老师在授课过程中需要向学生强调语言文化的差异性，指导他们选用适当的翻译模式，注重联系其社会性特征，切勿单纯地见词思义，不作任何处理。

三、理论教学和实践操作相结合

在日常教学中，大学老师需要注重理论教学和实践操作的密切联系，重视提高学生的实践翻译水平。对此，老师要不断提高个人实践技能，为教授学生做好准备。院校应积极开展与社会公司或者企业密切合作的活动，在学生系统学习完理论知识之后，根据合作协

议，安排学生前往公司或者企业进行实习、培训，以此促进学生实践翻译水平的提高。在牢固掌握理论知识的基础上，加强实践翻译活动的训练，综合提升自身翻译水平，为后期工作做好充足的准备。

四、构建专业化教师团队，提高翻译教学水平

对于老师而言，作为一名高校英语翻译老师，要具有不断学习的意识，切实提升自我翻译水平，唯如此才能够更好地开展授课活动，促进学生翻译水平的提高。另外，对于学校而言，可面向社会广泛招录翻译水平高、实践经验丰富的人才，汇聚各种优质资源，共同构建一支专业水平高、综合素养强的英语翻译教师队伍，学校可在政策或者资金投入等方面加强对高校英语翻译课程的重视和支持。

五、利用多媒体网络资源改变传统的大学英语翻译教学模式

第一，在教学内容上，多媒体与网络技术的引入，使传统的教学模式转向了教师精讲和学生多练的新型教学模式。翻译大学英语教学的一个重要部分，因此，教师应该根据教学大纲的具体要求，通过集体讨论的方式来确定精讲翻译理论和技巧，为学生提供统一的理论框架。教师也可以根据学生的特点和学校的具体情况进行发挥，对翻译练习的设计做到题材、体裁的形式多样。

第二，在课程建设方面，要及时补充、更新翻译素材库。"翻译是一项跨文化的交流活动，具有很强的实践性"。只有通过大量的翻译实践归纳出基本理论，才能上升到理性认识，反过来指导翻译实践活动。翻译素材要紧跟时势，能够反映当代社会各个方面，难度要体现层次性。并且，教师还可以发挥学生的主观能动性，指导学生根据自己的兴趣、专业收集翻译素材，扩充素材库。既保证了授课内容的统一性，又为教师的个性化授课提供了空间；既充分发挥了教师和学生的智慧和力量，又避免了人力、物力和教学资源的浪费。有条件的高校还可以自制课件和素材库，进行大学英语的课程建设改革。

第三，在教学手段方面，教师可以按照课堂讲练结合、课外及时辅导的策略，来提高学生的整体英语学习水平，传统翻译教学，教师讲得过多，而学生练得较少，因此，学生被置于被动接受者的地位，难以提起兴趣。所以，课堂内讲练结合很有必要，在练习的基础上，引导学生去归纳相关的翻译方法与技巧，教师再给出论述阐发，从而把学生从被动的接受者变为主动的参与者，学生课外练习时，教师无论是从相关技巧，还是从个人经验和方法上，都要给予及时的辅导，这对于学生将会产生积极影响：一来可鼓励并帮助学生解决疑难问题，使他们产生积极的学习情感；二来也可对练习过程进行监控，尽量防止学

生互相抄袭译文或胡乱拼凑交差了事。教师还要根据学生的练习情况，及时调整、更新课件内容。

六、利用多媒体和网络技术教学，可最大限度激发学生的学习兴趣

第一，网络教学手段，创造了一个师生间接互动的学习环境，这种学习环境，有效降低了学生由于直接面对教师而可能带来的紧张感。因此，教师就可以把先前课堂上讲授的部分内容，放到校园网上，作为翻译教学模块让学生自主进行学习。此外，教师还可以有计划地加大练习难度，加强学生对英美文化、跨文化交际等各方面的了解，开阔他们的眼界。而学生则能够通过在校园网上阅读中英文文章，自行翻译，然后仿照原文写作的方式，逐步提高自己的阅读、翻译及写作水平。

第二，各高校可以直接使用与教材配套的多媒体教学光盘。不过，由于各校生源、设备等具体情况并不一样，而且配套光盘大多缺乏系统的翻译教学内容，因此，教师因校制宜地制作多媒体课件是十分必要的。多媒体课件的制作应该以教学目标、教学过程、学生的知识水平、教材内容及教学媒体为基础，以互动性为原则，以培养学生自主学习能力为目标，确保不同层次的学生在翻译能力方面得到充分的训练和提高。据此设计的翻译教学模块，要尽量利用图片、声音、动画甚至视频影像对学生的大脑形成多种感官刺激，把抽象的内容形象化，使许多难以理解的翻译理论变得生动有趣。既要对英汉互译常用方法和技巧进行归纳和讲解，又要针对句、段、篇和文体补充相关的中国文化和西方社会文化常识，使学生较为系统地掌握翻译的基本常识。既有利于改善传统的英语课堂氛围，也有利于营造栩栩如生的外语环境，增加英语学习过程中的习得成分。

第三，网络提供了强大的检索功能，使学生能高效地检索和获取校园网上的翻译素材库。这样学生成了中心，如果他们是会计学院的学生，就可以选择会计学材料进行翻译练习；如果他们对科技感兴趣，则可以练习科技翻译。这样学生就可以根据自己的专业和兴趣爱好等选择不同的翻译练习，使自主学习成为现实。而且，网络的交互性功能为学生提供了更为开放的互动对话环境，使教师与学生以及学生与学生能够在课外及时交流。一方面，教师能够及时掌握学生练习情况，并可以对学生进行"手把手"式的指导；另一方面，可以及时发现学生翻译练习中的典型问题并传播给所有学生观看，从而有效保证了学生学与练的效果。此外，网络环境下的英语教学资源丰富、过程开放、形式多样，为广大的学生创造了更好的语言学习环境，并能够帮助学生终身学习。这种教学模式恰恰适应了人本主义教育和素质教育的要求。

综上所述，多媒体网络给大学英语翻译教学带来了新的改革契机，要利用现代化技术

培养学生的语言应用和自主学习能力，使学生在教师的指导下，根据自己的特点、水平、时间来选择合适的翻译学习资料，并借助计算机的帮助迅速提高自己的英汉双语翻译能力，达到最佳学习效果。

第七章 语言艺术与外语教学

第一节 语言艺术研究的框架

一、语言艺术概述

生活中通过语言的交流拉近了人们彼此的距离，在小说或者文学的世界里，也是同样的。想要全面透彻地理解一个英语文学作品，就要先从它的语言艺术入手，作者在语言上运用的表现手法，代表了作者的情感态度、思想感情。所以，语言艺术是一部文学作品的灵魂。

（一）英语文学中的形象性语言艺术

形象性是所有文学作品的一个基础，既抽象又具体，虽然存在但又感受不到。任何的文学作品都有一个作者刻画出来的形象人物，用形象的特殊性来反映社会时代的矛盾或者作者内心要表达的情感，比如莎士比亚的《哈姆雷特》。《哈姆雷特》中哈姆雷特的人物形象描写，哈姆雷特是丹麦国王的儿子，他善良高贵，自幼接受良好的高等教育，相信世间的真、善、美，大家都认为他是世间最了不起的杰作。但是父亲的被害、叔父的篡位、母亲的改嫁让哈姆雷特的内心崩溃，走上了一条复仇的不归路。哈姆雷特自身的性格也是造成他悲剧的主要原因，"思想上的巨人，行动上的矮子"，伟大与渺小的化身。莎士比亚通过这样生动的人物形象描写，把一个高贵优雅的王子呈现在读者眼前，仿佛亲身感受到一般，增加了读者对英语文学的进一步理解。

（二）英语文学中的情感性语言艺术

情感是一个文学作品的内在表现，通过语言作者到底要表达的是什么样的思想感情，运用特殊的词语或句子来宣泄自己内心的情感世界，作者创造文学作品就是以文字的方式来表达自己内心的情感世界，任何的文学作品都是有情感的。

比如《哈姆雷特》中主人公面临自己母亲改嫁的背叛、叔父对自己王位的觊觎，使哈姆雷特的内心开始崩溃，面对背叛产生强烈的复仇愿望："我的命运在呐喊，使我全身每一根微细的血管都变得像怒狮的筋骨一样坚硬。安息吧！安息吧！受难的灵魂"。莎士比亚通过这种特殊的字词来直接地表达主人公内心的这种仇恨，复仇的激烈欲望，主人公内心情感的强烈。因此，英语文学中语言情感性的表现有利于激发读者的内心情感，和文章产生共鸣，拉近了作者和读者的距离，同时也使文章升华。

（三）英语文学中语言的生动性

任何文学作品，通过语言的生动性都会带给读者不同的感觉。英语文学中的语言生动性简单来说就是并未见到具体的人但却如同身临其境一般，活灵活现的语言是一种艺术的交流，作者通过运用生动的语言，把脑海中想象的人物刻画出来，让读者感觉这是真实存在的，进而引发读者深思。《欧也妮·葛朗台》曾被评价为"最出色的画幅之一"，是法国作家巴尔扎克的著名代表作之一，作者运用语言的生动性，把葛朗台身上的那种自私贪婪、爱财如命、狡诈抠门的形象刻画得惟妙惟肖，在书中葛朗台对金钱的执着被作者用生动性的语言表达得活灵活现，"他知道如何把猎物抓住，同时张开钱袋的大嘴，吞进更多的金钱"。作者把他比喻成一条贪吃蛇，不动声色地把"吃到"的东西全部消化。用一条贪婪阴毒的蛇来形容葛朗台是最贴切的了，既形象又生动，跃然纸上。

（四）英语文学作品语言的含蓄性

什么是含蓄性？简单来说就是说话不要说得太"明白"，但又说了，总体给人留下一个想象的空间，这是在我们生活中的含蓄性。表现在英语文学中，作者用有限的文字来表达无限的内涵，让读者有一种言有尽而意无穷的境界，读过之后需要读者静下来，对文章进行回味深思，发现作者表面的语言下，隐藏的一些委婉的情感，这就是语言含蓄性在英语文学中的魅力表现。《老人与海》是美国作家海明威的代表作之一，文笔简练含蓄，运用大量的象征手法把一个老人在面对困难挑战时的顽强不屈、勇于挑战的硬汉形象描写得淋漓尽致。书中的鲨鱼是一种邪恶的化身，它代表侵略、毁灭、破坏，是成功路上的一大障碍，作者对事实不做过多的评价，让读者从文字中自己回味感受，这就是语言的含蓄性。像书中老人在清晨，他轻柔地握住男孩的一只脚，直到男孩醒来。这段话并没有说什么，但这种无声的语言描写，更含蓄地表达出老人对孩子的爱和温情，使读者有种意犹未尽的感觉。

无论在现实生活中还是英语文学作品中，语言都是一种情感的展现，文化的载体，人类社会正是因为有了语言，才进入了文明时代。英语文学中的语言艺术是作者情感的传递，是内在的思想灵魂，读一篇英语文学作品不是只读一遍或者看一下，而是让你通过作者在语言上使用的艺术手法，发现并理解作者的内心深处到底要表达什么。由此可见，理解语言艺术对赏析英语文学有着重要作用。

二、语言和语言艺术

自要求英语课堂上教师必须用英语进行教学以来，英语教学语言不仅是教学工具，它也成为学生学习英语的素材之一，语言输入途径之一，从语言学习的规律来说，语言输入是语言输出的基础，是学生学好英语的关键，学生能否用标准、地道的英语进行交流（即语言输出），很大程度上取决于他们是否获得标准、地道的语言输入。教育的艺术首先包括谈话的艺术，"谈话艺术"在教学中即是教学语言的运用艺术。教师的教学效果很大程度上取决于他的语言表达能力，这就给教师的语言修养提出了很高的要求。

（一）英语教学语言的定义

教学语言是指教师在传授知识、教书育人、组织课堂教学活动时使用的语言，又称教师语言。而英语教学语言又不同于其他学科的教学语言，其他学科的教学语言通常只是教师用作讲解知识、传达信息、传授技能的工具。但英语教师所使用的语言既是一种传授知识和技能的工具，同时也是教师所要传授的知识和技能本身。

（二）英语教学语言与激发学生的学习情感的关系

在英语教学中，除了个体的理性因素外，学生的情感因素也应该受到我们充分的重视。现代心理学认为：只有那种明朗的、乐观的心情才是滋养思想大河的生动蓬勃的溪流，而郁郁寡欢、情绪苦闷则会使大脑皮层中掌握情绪冲动和思维的神经中枢受到抑制，无法开展积极的思维活动，聪明才智也发挥不出来。所以，情感因素对思维活动的积极与否对教学效果的孰优孰劣有着重要的影响。教师讲的话也即教学语言，带有审美色彩，这是一把精致的钥匙，它不仅可以开发学生的情绪记忆，而且深入到大脑最隐蔽的角落。因此，英语教学语言与激发学生的学习情感有着密切的关系。

（三）英语教师教学语言运用中存在的问题

英语教学语言在激发学生学习情感方面有非常重要的作用。但实际上还有相当一部分英语教师没有很好地利用教学语言魅力来激发学生对学英语的兴趣。

1. 发音不标准

有些英语教师没注意到英汉发音的区别。他们都用讲中文的发音位置来讲英语，不可避免地出现发音不标准的现象，这就无法让学生感受英语的魅力，也无法让学生学到标准又美感的英语。

2. 语言过于书面化

有的教师没有把握好教学语言口语化、简洁、易懂的特点，课堂上用的是书面语，殊不知用书面语言来讲解知识的重难点很不利于学生对知识的理解。

3. 语言缺乏启发性和鼓舞性

有的教师就知识讲知识，没有注意到学生的情感需求，没有在必要的时候使用有启发性和鼓舞性的语言来启发学生的思维和激发学生的学习热情。

4. 语言不顺畅

有一些教师出于习惯，讲话时总是使用很多的助词，如"Er，Oh，Well，Aha，and"等等。适当的助词有利于表达的延续，但课堂上过多的助词却会使得语言不顺畅，不利于学生的理解。

5. 有伤学生情感的课堂用语

这样的语言出现课堂上，肯定会挫伤学生的自尊心和使学生失去学习英语的兴趣。

（四）运用英语教学语言艺术

孔子说："工欲善其事，必先利其器"。教学语言就是教师教书育人的一把利器，掌握了教学语言艺术，才能更好地教育和启发学生，从而提高课堂教学的效果和质量，帮助学生提高英语运用能力。那么，英语教师应该怎样才能使自己的课堂教学语言具有较高的艺术性呢？

1. 确保英语教学语言的标准、地道

中国人讲英语，由于受到母语和方言的影响，往往会出现所讲的英语大多是中国式英语的现象。英语教师作为学生的模仿对象，音准便是基本要求。要说出标准、地道的英语，教师首先就必须掌握英语发音的最基本要求，比如说：英语发音时，嘴巴的开合程度，嘴唇的前突和圆扁程度，都要比汉语中相似的发音动作程度大；英语的发音音位比汉语的音位偏后；英语中的元音相当于汉语中的韵母，是发音的关键，因而元音的发音是清晰、有力的，和饱满辅音有清浊之分。发清辅音时声带不振动，送气时气流应该缓慢和流畅，嘴唇的接触程度要点到为止，如果把嘴唇合得太紧，气流太急，就会在讲话时出现"啪啪啪"的声音；发浊辅音时声带一定要充分振动，教学语言的音调变化和节奏的恰当处理也是显示语言魅力的重要手段。轻重快慢适当、抑扬顿挫的教学语言有助于突出教学的重点，调动学生的学习情绪，从而提高教学效率，所以，教师一定要在实践中去观察、模仿，以提高自身的语言标准度，为学生创造标准地道的英语输入。

2. 确保教学语言的可接受性

可接受性是英语教学语言的一大特征，教师应该确保自身的教学语言是能够为学生所接受所理解的。因而教师应运用语言结构简单、真实得体、学生容易整句听懂、整句模仿的语言。教师还应该针对不同的教学对象、教学内容和教学环境来运用语言，这也就是我们常说的"因材施教"，只有"因材施教"，才能使教师的语言有的放矢、取得实效。

3. 确保英语教学语言的实用性

学习英语的目的是用来交际，而且英语教师的教学语言又是学生语言输入的主要途径。为了避免课堂教学与课外交际脱节，教师的教学语言就须具有实用性和交际性。要做到这一点，教师就得随着教学的前进，不断地更新所学知识，比如说教师要求学生安静时，最初可说：Be quiet；但教了 keep 后，就可以改为：Keep quiet；待到教了 stop 后，就可说成：Stop talking. 教师在运用教学语言时，除了要注意新旧知识的更替，也要注意把那些已学过，但在课本中重复不够的语言材料有机地融入教学语言之中，做到学习与交际的统一，使已学过的语言材料经常在运用中获得巩固和提高。

4. 确保英语教师知识专业、全面、渊博

教师的教学语言是各种知识信息的载体，要有较高水平的语言运用艺术，就必须提高自身的语言修养和知识的积累。所以教师不仅要掌握所教学科的专业知识，还应该掌握相关学科的知识。作为现代社会培养人才的教师，自身的知识就应在"专"的前提下向"博"的方向发展。只有做到"专"而"博"才能很好地驾驭语言，使得自身的教学语言能吸引学生的注意力，增强教学效果。

5. 确保英语教师自身饱满、积极向上的情感投入

为了做到能激励和鼓舞学生努力学习，教师就应该对教育事业、对所教的学科、对学生充满热情，充满爱，并把这种热情和爱渗透到教学语言之中，使得自身的教学语言富有激情、富有生命力，从而激发学生的学习情感，获得较好的教学质量。

6. 确保不使用有伤学生情感的教学语言

现代学生的普遍特点是自我表现意识强、自尊心强、有个性、思想活跃，他们需要尊重、需要理解，所以，教师就应根据学生的特点来进行教学，特别是在运用师生的交流用语时，应避免使用有伤学生情感的语言。教师在指出学生回答问题时出现的缺点和错误时，最好是先肯定学生好的和对的地方，一句"Quite good, thank you."就能够给学生一些鼓励，使他们看到进步，不会失去信心而不敢再发言。

英语教学是一门需要不断提高和发展的艺术，它不仅是一个传授知识的问题，它也涉及该如何传授、用什么去传授等问题。英语教学的目的是培养学生的英语交际能力，而英语课堂教学本身就是一种师生之间的语言交际活动。所以，教师应在课堂上给予学生一种正面的影响。教师的教学语言修养的水平直接影响了教学效果，也在一定程度上影响了学生的英语交际能力。因而，教师应给予自身的教学语言以高度的重视。主动地加强自身的语言修养，根据学生的实际情况，运用一定的语言艺术，为学生提供一种标准、地道的语言输入，从而提高教学效果。

三、语言艺术概况

语言艺术是艺术的一个门类，它是运用语言的手段创造审美的形象的一种艺术形式。它包括戏剧小品、播音主持、演讲、辩论等艺术形式。它的表达方法可以有呼吸法、单人、多人、混声等多种形式。一般说来，语言艺术和文学、戏剧等有所不同。语言艺术和语言表达技巧不同。如同我们说领导艺术、交流艺术、管理艺术中的"艺术"含义不同。语言是人类敞开心扉的交流形式，是人类搭架心灵桥梁的快捷方式。语言艺术，是人类情感交集的抒发模式，是人类释放悲喜的表达方式。如何淋漓尽致、唯美完善地运用语言这门深奥的哲学，是一种深内涵、高层次的学问。

教师在艺术性教学上起着传授、组织、控制、交流、合作、创造和心理调节等方面的主导作用。而所有这一切，有赖于教师的"四美"素养和进取精神，其中包括心灵美、教态美、思维美与语言美。而语言是思维的载体，是人类最重要的交际工具，是人类文化艺术的结晶。英语语言自身所蕴含的韵律、节奏、交际功能、文化底蕴就是艺术的具体体现。

美是一种心灵的体操，它使我们精神正直、良心纯洁，情感和信念端正。在英语教学中通过渗透美育，促使学生对教学形式和教学内容产生浓厚兴趣，以美求真、以美激情、以美育人，让学生受到美的熏陶，同时也把英语学习变得生动、活泼而有实效。英语教学语言是一种专门的工作语言，英语教师动用教学语言这种特殊重要的工具"传道、授业、解惑、育人",完成教学任务,沟通学生心灵,启发诱导,开发智力,促进学习迁移,获取最佳的教学效果。所以说,所谓英语教学艺术,在某种程度上可以说是英语教学的语言艺术。它是一种有声语言的艺术,它除了一般教学语言所应具备的教育性、科学性、启发性、明确性以外,还有如下的美育性:

(一) 英语教学中语言的生动美

人人都有一双能够发现美的眼睛,只是有时候我们闭上了眼睛,与美擦肩而过。想要让学生爱上英语,就要想办法使他们从教学过程中感悟美,体验美,鉴赏美。通过艺术美和现实需求打动学生的感情,使学生在心灵深处受到感染和感化,从而培养学生具有正确的审美观与价值观。

1. 在语言中感悟美

语言必须具备生动美,这与学生的成长心理是分不开的。

老师们拿到教材的第一件事就是要吃透教材。课余时间多看教学录像,多听课文录音,多观察生活中美的细节,来细细揣摩如何把课文中的各个人物用语言生动地演绎出来,将生活中的真实美与情景的丰富美融合起来。

只有老师寻找到美,表现了美,才能让学生感受美。

我们的学生英语水平参差不齐,那我们老师必须因材施教,只有极富表现力,极富美感的生动语言,才能激发学生学习的激情,达到学习的目的。另外,针对学生对记单词、背段落等学习任务的排斥,可以将一些词编到一些耳熟能详的歌曲里,让他们唱出来,顺便来个小比赛。他们会非常感兴趣,积极性很高,当然无形中单词也记下来了,而且还能说得很好。

2. 在情景中感受美

现在已不是一支粉笔、一本教科书、一张嘴巴来完成教学任务的时代了。在新课改的推动下,我们的教学形式、教学设备都发生了翻天覆地的变化。利用投影、录像、多媒体等电化教育手段创设真实的语言情景,使学生在情景中迅速排除难点,把握重点,掌握英语知识,这种手段越来越多地被运用于英语教学中。在教学中,通过色彩、背景、音响效果等,通过学生的表演,真实地表现人物活动场景。表演者和观赏者都是审美的主体,都能从中感受和鉴赏美,学会创造美。同时教师也能充分利用和发挥教材的趣味性,将知识性、科学性完美结合起来。

3. 在活动中体验美

根据学生的年龄特点和兴趣爱好,开展各种活动能促进学生的英语学习。教师在课堂里可引导学生进行小品表演，角色扮演，竞赛游戏。其中的角色扮演克服了语言学习的枯燥感，使语言学习充满活力。这不但能激发学生的兴趣，还能激发学生的学习动机，从而达到学习英语的最终目的——运用语言与交际的能力。把单调的语言个体转化为具有生动形象的艺术个体，在发展听力、训练口语、培养创造性运用语言能力的同时，培养学生的鉴赏力和创造力。美无处不在。美育的实施需要我们教师一定要有创新意识，树立正确的审美观，具备浓厚的美育意识，开展多姿多彩的美育活动，把大自然中的美、生活中的美、语言中的美、教材教法中的美悄悄地渗透到学生心里，让学生在英语学习的过程中感悟美、赏析美、体验美，进而创造出美，寓教于乐，寓教于美。

（二）英语教学中语言的情感美

1. 诱发情感

吸引力是诱发学生情感的突破口。这里的吸引力指的是对教材进行处理后的第一吸引因素以及教学引导最初的状态。如果在这个时候，学生的感情萌发了，那么他们对所学课文就能产生强烈的学习欲望。我们可以通过各种形式为这种吸引力保鲜。这就需要教师在课前课后进行大量的查阅工作，让形式多样化。

2. 激发感情

教育心理学认为，良好的课堂气氛是一种催人奋发的教育力量。人的情感总是在一定的情境中产生的。教师要善于运用情境烘托教学的情感气氛，实施情境教学。再加上英语教师用"动情"的语言传达教材动情的事，让字字句句撞击学生的心灵。教师不是把自己体验过的情感传达给学生，而是学生为这些感情所感染，从而体验到这些情感。

3. 引发共鸣

在英语教学中，积极发挥教师情感的中介作用。所谓共鸣是一种心理现象：指人因为某人某事的具体情景或具体情景的某一方面与自己所处的情景相同或相似，会产生感情的震动，进而引起相类似的感情冲动。古人语："以吾身入乎其中，方能识其真味。"这里指教师的示读很重要。入情入理地表达作者思想内容的言语活动，通过声音的高低缓急，用文章本身来感染学生，从而引发他们或悲或喜或憎或爱的情感共鸣，这需要教师具有扎实的基本功以及刻苦钻研教材，细细品味字句的精神。

（三）英语教学中语言的幽默美

语言要风趣，有幽默感。英语教师不应总板着面孔上课，这样学生就如芒刺在背。笑是感情激流的浪花，课堂里常有笑的细流在潜动。师生感情融洽，课堂气氛活跃，教师要善于用风趣的语言开导学生，讲究幽默，把情趣和理趣结合起来。教育家最主要，也是第一位的助手是幽默。巧妙地在英语教学中运用幽默语言，可使教师的授课变得风趣诙谐，幽默睿智，可使教学顿时生辉。

此外，在教学过程中要适时渗透相关的文化背景。例如打招呼：我们中国人见面时喜欢以"吃饭了吗？""去哪里呀？"这样的形式打招呼，事实上并不期待对方的回答。如果跟英语国家的人这样说，往往被认为想请他们吃饭，或是想与之同行。类似的还有关于称呼语，感谢和答谢语，隐私，象征性文化内涵的词汇等，我们可以利用中西方文化的差异诱发幽默，既可放松身心，又使学生印象深刻，进行文化背景知识的教育，一举两得。

（四）英语教学中语言的新鲜美

语言要新鲜，青少年学生具有好奇好新鲜的特点，新异的刺激物能引起他们的定向探求活动。语言新鲜，才能有效地激发学生进行新的探求活动，保持旺盛的求知欲。语言要优美。爱美是人的天性。最能直接打动心灵的还是美。自然美、人文美能打动学生心灵，教师优美的语言更能直接打动学生的心灵。美的语言悦耳动听，学生不仅兴趣盎然，而且容易入耳入心。

可见，美学艺术作品是一种大众文化载体，是现实生活的浓缩与升华，是文化沟通的桥梁，是一个国家和民族社会文化、生活方式、风俗习惯、人文、历史及思维方式的最直观、最生动的综合反映，同时也是一个国家与民族国际化的表现。通过美育的渗透，刺激学生学习英语的兴趣，提高听、说、读的能力。

第二节　语言艺术与英语教学

一、英语文学中的语言艺术特点

（一）英语文学中所表现出的意象性特征

意象实质上是一种"以物易物"的类比表达方式，充分利用主体与客体之间存在的细微的联系，通过作者个人思想的深加工，用客体来表示主体的概念。文学作品来源于生活，又超脱于生活之外，语言文字只是其表现形式，更重要的是通过语言文字创造人物形象，进行情感的渗透，铺垫时代大背景，让读者读文字就能深刻地体会到作品中的情感与想象。正是这种文学诉求，使得意象性成为英语文学中最具普遍性的语言艺术特征。在英语文学中作者用意象的表现手法来展示内在的情思，采用意象性的表达方式比较常见，而在诗歌文学中表现得更加突出，因为普通的语言逻辑思维难以有效地表现诗人内心想要表达的内容，诗人常常选择用意象来表达。

（二）英语文学中体现出的语言生动性特征

文学作品运用语言，将人物、场景通过具体形象的描写、生动的语言表述等让读者产生感同身受、身临其境的感觉，换句话说，就是作者用语言把本来抽象虚幻的东西写活了，能够充分调动读者的感官，实现读者与作品的深入交流，从而引导读者进行思考。

作家狄更斯在其代表作《雾都孤儿》中，也成功地运用朴实、精简的语言刻画了一系列的人物，比如用充满个性的语言表现人物的社会特性：主人公奥利弗天真的话语，流氓口中的黑道用语，好心人充满争议的言语。每一个人物的语言都与其所处的社会地位以及职业、年龄密切相关，往往寥寥几句话就将人物的特点展示出来。除了人物描写，英语文学作品中的场景描绘也是浑然天成。

（三）英语文学中体现出的语言情感性特征

没有不带目的的文学作品，每一位作者进行文学创作都是为了抒发内心的情感，描绘人生百态，这些都是作品中更深层次的东西，透过文学语言表露出来，需要读者进行体会。在英语作品中集中表现出文学语言情感性特征的代表是诗歌以及荒诞派作品。

读《乡村教堂内的挽歌》的语言，读者能感受到的就是文字的空洞无力，甚至产生语言没有存在的必要的感觉，其实这正是作者的目的。作者就是在通过这些文字传达自己空虚、无力的内心情感。同样在《小镇畸人》中，全篇的语言颠三倒四，大小写毫无章法，甚至连标点符号都缺位，这恰好与作品的视角相吻合，因为这是一篇以精神病患者的角度展开的小说，语言的凌乱无章法与精神病人思绪的杂乱无助相吻合，字里行间都浸透着人们对于爱与被爱的需求。

同样在诗歌中，语言艺术的情感性特征也被运用得淋漓尽致。读弥尔顿的《失乐园》能与诗人对上帝发起的质疑产生共鸣；读《独自云端漫步游》能读懂诗人内心对大自然的最真挚的爱。正是在一行行诗歌中间，诗人寄托自己内心深处最深沉的感情，在文字的独白中，实现自我内在的反思，而语言艺术的情感特性，能引起读者的共鸣。

（四）英语文学中体现出的含蓄性特征

英语文学作品中，作者们用文字对自己想表达的意思进行加工处理，含而不露，给读者留下充分的想象空间，做到言有尽而意无穷，用有限的文字表达出无限的意义，读者在阅读的过程中，往往需要经过思考才会有豁然开朗的感觉，这就是英语文学语言含蓄性的作用。

在《老人与海》中，海明威大量使用语言的含蓄表达，描绘了一个困难面前坚强不屈的硬汉老人，文中使用了大量的象征手法，但是对于老人需要战胜的敌人——鲨鱼却没有过多的文字描述，这就需要读者在阅读过程中自己去感受，去体会成功路上会遇到的许多阻碍。

（五）英语文学中语言的陌生化特征

在英语文学阅读中，我们有时会看到许多和我们平常看到的语言使用习惯不一样的表达方式，作者选择对文字进行美学处理，背离常规，使得语言被突出，语言自身更容易被读者注意到，这就是语言的陌生化。在英语文学中对语言进行陌生化处理并不是为了标新立异，而是为了让读者在文字中产生新的体验。英语文学中语言陌生化表现最为突出的是意识流派的作品。语言文字是人类情感的载体，是思想的具体表现形式。研究英语文学语言艺术特点对研究英语文学有着非常重要的意义。英语文学中灵活运用的各种语言艺术，使作品内容得到了更好的表达，为文学作品添加了一道瑰丽的色彩。许多英语文学都需要读者举一反三地阅读，透过变化多端的写作手法，去窥探背后作者真正想要表达的东西，真正读懂英语文学。

二、教育教学中的语言艺术

英语教学是人们学习英语的重要途径。其形式主要有课堂教学和课外英语教学两种。而课堂英语教学是英语教师向学生传授英语知识、训练英语技能、培养英语交际能力的主要形式。教师在课堂上进行的英语教学是教师根据英语教学规律和英语学习规律，利用语言教学手段向学生传授英语知识、训练英语技能、培养英语交际能力的过程，这种师生之间的言语交际实际上又是英语教师进行英语教学、学生进行英语学习的双边活动。这种双边活动的效果如何在很大程度上取决于英语教师的教学语言艺术。只有注意教学语言艺术才会使这种双边活动真正地"活动"起来。"教学语言"是指教师在课堂英语教学中，为达到英语教学目的所自行加工简化了的英语语域。

教学语言是指在特定的语言共同体中持该种语言说话者与持另一种语言的成员进行交际时采用的简化语言的语域。它不同于书面的人际交往语言，而是教师在课堂上为达到英语教学目的自然地使用的一种口头英语。因此，从英语教学法的观点来看，教学语言对英语教学起着举足轻重的作用。因为英语教师是英语学习的传播者，也是学生自主学习英语的指导者。教师在进行英语教学时既是"演员"，又是"观众"；既是"组织者"，又是"参与者"。教师使用教学语言的优劣对英语教学会产生很大影响，英语教学中注重教学语言艺术，对于促进课堂上教师与学生之间的交际活动，激发学生学习英语的积极性，提高教学效果等具有重要的意义。

（一）课堂用语

它是教师在英语课堂教学环节中使用的特定用语，以其固定的模式，用于课堂教学活动的不同阶段、不同项目和不同环境，担负着语言的"起始功能"作用，主要用于以下几个方面：

(1) 开课时的问候语和休息时的告别语。

(2) 进入复习环节前的教学用语。

(3) 传授新语言项目的开场白。

(4) 学生操练新语言项目前后教师使用的提示语。

(5) 教师传授新语言知识用语。

(6) 师生就知识点进行言语交际的用语。

(7) 教师对学生操练进行信息反馈的用语。

反馈信息语言主要有两大类：一是表示赞同、肯定、承认某种事实的语言，常用于学生正确回答了教师提问、教师做出反应的语言。例如，That's good. I agree with you. 等等。二是表示不赞同、否定某种事的语言，常用在学生没有正确回答教师提问的场合。例如，No，I don't think so. 或者 Would you please think it in another way? 等等。

（二）英语教学语言艺术

英语教学的首要任务是培养学生的英语交际能力，这也相应地要求英语教师讲究课堂英语教学的语言艺术。因此，英语教师的课堂英语教学艺术是至关重要的，教师们应尝试将这种艺术贯穿于英语课堂的始终，这样课堂教学将会收到意想不到的成效。教学语言艺术应当注意以下几个方面：

1. 教学语言的情感艺术是英语教学语言艺术较高层次的表现形式

情感是教师传授英语知识、学生灵活运用英语知识的中介手段。积极的情感可以激发学生学习英语知识、开展英语交际活动的动机。在实际的英语教学中，师生如果情感融洽，就会配合默契，产生良好的教学效果。所以在英语课堂教学中，一是要注重自己的情感投入，使教学时说出来的教学语言富有独特的感情色彩，使学生听起来感到既亲切动人又通俗易懂；二是教学语言的情感成分应尽量与课堂教学内容保持一致，使学生的英语思维尽量融于富有情感色彩的语言学习之中；三是教学语言的情感成分应尽量与学生的心理、年龄特点保持一致，这就要求教师要注意语言情感的基调。例如，声音的高低、速度的快慢、语音的轻重等。教学语言要充满情趣与活力，以把学生的真实情感调动起来，让学生在浓厚的兴趣之中学习英语。如果课堂上教师讲课的语言都是同一个腔调，学生就会感到枯燥无味，产生厌学情绪，教学效果就差。

2. 能否艺术地组织课堂是课堂英语教学收到成效的关键所在

老师是课堂的组织者，随着多媒体在英语教学中的使用，英语课堂也由小课堂逐渐转变为大课堂。

（1）艺术地使用"沉默"

"沉默"在人们日常交际中起着重要的作用，可传达行为者各种思想状况和心理行为。在外语教学课堂上，要以学生为中心，充分调动他们的主动性思维和创造性思维，尽量避免"满堂灌"因此教师可适量保持"沉默"，使学生有机会思考所学的知识，并与旧知识联系起来。另外，教师还可利用"沉默"来维持课堂秩序，同时伴以眼神、表情等非言语行为来保持教学的正常、有序进行。而对学生表现出来的"沉默"，我们应该更引起重视，要认真分析其原因：学习动机、兴趣还是身体或其他因素，并及时调整教学方法或做好学生的思想工作。

（2）艺术地在课堂上提问

"提问"是启发学生用英语直接思维，培养学生英语能力，发展英语学习潜能的重要手段。提问的种类很多。从内容形式来分，它包括实际的提问和根据课文内容的提问。实际提问是一种真实的交际形式的提问，它要求实问实答，回答的内容不虚假，是答者根据实际情况自然地表达出来的；根据课文内容的提问，是一种人为地、为了使学生熟悉课文内容和掌握所学知识的提问，回答问题者必须根据课文内容回答问题，带有一定的局限性。弄不好，它很容易使学生感到厌烦、无味，造成一问三不知的局面。因此教师在利用教学语言提问时，就应当讲究提问艺术，一是教师要故意设置疑点，由易到难，一环扣一环，步步深入。先用简单的教学语言提问，然后再用较复杂的教学语言提问。二是在用教学语言提问时要让学生有思考的余地。三是教师要及时抓住情景，合理设置情景，启发学生积极思维。

（3）艺术地评价自己的学生

老师对学生表现的正确评价，能让学生对老师产生信赖，能激起学生的学习动力，能让学生在英语课上乐于发言，能让你的英语课堂生动而更加有魅力。艺术地表扬自己的学生；艺术地鼓励学生；在课堂上回答问题是很令学生心慌的事情，请不要吝惜说一些"暖心话"，会令你的学生表现更出色。恰如其分地简短评论和及时提醒，才会让学生心悦诚服。学生的每一点进步，老师都应进行肯定；学生的错误老师也应点到，好让学生明辨是非。在英语课堂上教师们应尽可能少用夸大词，因为夸大的否定往往会起到不好的作用。教师们应当运用激励艺术来评价学生，精心呵护学生的自尊与自信。

（4）艺术地向学生提出要求

师生之间不应是一种上下级的关系，教师首先要尊重学生的人格，平等友善地对待每一位学生，维系良好和谐的师生关系和平等活跃的课堂环境，这是课堂教学活动取得成功的前提和保证。所以，当老师对学生提出要求的时候应以体现教师的主导作用和学生的主体作用为前提，注意多用平等协商和征询意见的口气，并按英语习惯使用礼貌用语。

总之，英语教学是一个传授英语知识，教会学生学习，培养学生英语能力的过程，也是教师通过教学语言达到师生情感交融，思想共鸣，配合默契的学习过程。在这一过程中，传授英语的主要载体是教师的教学语言。恰当运用课堂教学语言就是英语教学语言艺术。因此作为英语教师要注重教学语言艺术，提高英语教学质量。

第三节　现代教育理念与外语教学

一、素质教育与外语教学

（一）素质教育目标体系框架的构建

素质作为一种稳定的心理品质和行为习惯最终是可以测量的，但作为教育的目标，其运用却是困难的。任何教育活动的成果都是体现为教育对象的初始状态和教育活动结束状态之间所发生的变化。作为学校的教育目标，最终是要转化为作业目标才能得以执行的，在素质和作业目标之间有过多的中间目标，而用外显指标表现素质又有更多失真的假象，这就使得素质目标转化为作业目标十分困难。也正是如此，素质的作业目标研究进展有限。根据目前的研究成果，素质教育目标应包含以下几个方面：

1. 知识领域

根据当前对知识研究的最新成果，我们可以把素质教育的知识领域在第一层次划分为4个知识群：学科知识、意会知识（经验知识）、能力知识和信息知识。人们希望通过素质教育达到的素质因素中，全部与知识有关的内容都可以归为这4个知识群。

（1）学科知识

这是整个知识领域的基础，在知识类型上包括关于"是什么"的事实知识和关于"为什么"的原理知识；在知识范围里包括自然科学知识和人文社会科学知识，我们目前课程中的学科知识大部分属于这个范围。素质教育选择的学科知识都是人类知识的核心和精华，是可以在尽可能多的方面及尽可能长的时间里发挥作用，影响人的最大生活领域的知识。学科知识可以明确给出每一个阶段的教育所必须掌握的知识目标，这些学科知识可以转化为具体的作业目标，通过多种教学活动得以实现。学科知识的全部教育成果是可以方便地得到评价和测量的。

（2）意会知识

这也可以称为经验知识，主要是关于生活的经验、关于周围社会背景等方面的基本知识，体现的是人的生活技能和适应社会环境的能力。联合国教科文组织把学会共同生活作为未来教育的四个目标之一，素质教育的任务之一也是帮助学生学会生活。意会知识主要通过学生的实践活动、人际交往、家庭生活和学校教育获得，意会知识也比较容易转化为教育的作业目标，形成素质教育的课程体系，也是可以在完成一个教育阶段后进行测量和评价的。

（3）能力知识

这主要是创新和探索的知识，包括关于创新知识的知识、判断解决问题的知识、怎样做的知识和解决问题的诀窍与技能。这是我国教育所欠缺的，也是面向新世纪素质教育的重要使命。创新是一个民族的灵魂，素质教育需要把创新作为教育的重点和核心。其实，能力从来就不是一个独立的因素，它是由相关方面的知识组成的，学生的创新和探索能力是可以通过知识表现出来的。当然，能力知识在教育目标的层次上属于一个比较高的层次，对测量和评价有更高的要求，但运用布卢姆对认知领域的教育目标分类同样是可以测量的。在素质教育的目标体系中，设立每一个教育阶段的能力知识目标，主动地实施能力知识教育是培养创新人才的重要途径。相应的评价体系为能力知识的教育目标提供了保证。

（4）信息知识

没有人怀疑21世纪是一个信息时代，信息知识是21世纪人人必须具有的知识，贫与富、支配能力和竞争能力是体现在信息上的。信息知识主要包括获取信息的技术与方法的知识，关于谁知道和知道如何做某些事的知识。因为它在未来社会中的独特的工具性作用而把它作为独立的知识类别。关于获取信息的技术与方法的知识在我国已经引起重视，体现在计算机教育的普遍开展，有人把它归为技能素质。但我们对另一种信息知识注意是不够的，这就是关于在哪里可以得到哪些信息的知识，它对学生素质的全面提高具有重要的意义，尤其是接近就业的教育阶段，更需要这些信息的教育。信息知识可以分解为各个教育阶段的作业目标，也是比较容易评价的。

2. 情感领域

目前理论界已经基本认可把心理因素划分为智力因素和非智力因素，前面我们已经把智力因素的教育目标归为"知识"领域，另一部分我们可以归为"情感"领域。情感领域作为教育的输出目标测量比较困难，把输出目标转化为过程目标，把过程和结果结合为教育的目标并进行测量评价是必要的。

（1）心理

这是非智力因素的主要部分，是个体重要的生存能力，是一种发掘情感潜能，运用情感力量影响生活各个层面和人生未来的关键性品质要素。心理方面的素质是素质教育的重要目标，素质教育有必要开设心理保健和心理训练方面的课程。独生子女将会面临更多的心理问题，更容易形成心理障碍，因而心理方面的目标应是今后教育的重要目标。关于情商的理论引起人们对于同个人发展相关心理因素的研究，目前的研究成果主要包括五个方面的内容：情绪控制、自我感知、自我激励、认知他人和人际交往。学校教育中的心理教育目标体现在过程和结果两个方面。由于受家庭和生活环境的影响，教育活动的结果目标难以测量和确认，因此这类目标是通过过程检查、控制行为目标和学生心理测试进行评价的。行为目标主要体现在师生交互作用和班级组织管理，这主要是由教师实现的，因此一部分心理方面的目标要通过教师教育行为进行评价。

（2）品德

品德体现在知识和个性品质，因而可以归为知识和心理方面的教育目标，但思想和品德对社会和个人的特殊地位，使得有必要把它作为独立的教育目标进行设计和评价。必须注意的是教育目标不应重叠，前面的目标中应去掉这方面的内容。品德方面的全部目标可以归为三个方面：公民教育、个人与社会，个人与他人。

3. 动作技能与健康

动作技能与健康是素质教育目标的第三个领域，这个领域主要包括保持健康和运动的知识、运动的技能、良好的生活习惯。我国传统的体育教育，目标主要集中在学生的运动技能上，忽视学生健康素质的提高。素质教育应把保持健康的素质作为重要内容。主要包括：

（1）保健和运动知识

这是知识教育目标，作为独立领域要与知识领域避免重复，主要通过课程教学的各个环节使学生获得相关知识，通过测验进行目标评价。

（2）运动技能

通过运动教学使学生提高体能的相关指标，掌握各种运动技术和技巧，使每一教育阶段设立运动技能目标，目前的评价体系是健全的。

（3）生活习惯

这是一种养成教育，是通过不断重复形成的，主要通过学校规范化的生活程序，养成学生的良好生活习惯，并通过学校社会活动观察和检查实现评价。

（二）外语教学中的素质教育

外语教学在中国已经取得了相当大的成绩，但还存在很多问题。如何在外语教学当中体现素质教育的思想，以弥补传统应试教育的不足，就成为广大外语教育工作者甚为关心的一个问题。具体来讲，在外语教学当中推行素质教育应注意几个环节，即教的环节、学的环节以及管理环节。三者缺一不可，它们构成一个有机的整体。

1. 教的环节

此环节的主体是教师，所以，实施素质教育首先要建设一支素质优良的教师队伍。要满足这一条件，应对教师在人格、素质以及方法上提出较高的要求。

（1）人格是前提

教师的人格是教育手段的重要组成部分。教师为了陶冶学生的思想情感、意志和性格，养成良好的行为习惯，只有用自身良好的行为规范和智慧来吸引学生，用健康的心理影响学生，用自己的言行做学生的榜样，由此产生强大的吸引力和说服力，达到素质教育的预期效果。

（2）素质是基础

培养学生的素质必然也对教师的素质提出相应的要求，一个适应素质教育的教师应具备以下素质：

①具有未来意识和超前的教育创新能力。现阶段培养的人才不仅应满足第一任职需要，更重要的是着眼于 21 世纪知识经济时代对人才的要求，所以我们的教师要面向未来，着眼于学生的长远发展开展教育教学工作；

②具有教改意识和奉献精神。素质教育与传统的"分数式教学"有着本质的区别，这就需要教师全身心地投入到教学实践活动中去，不断摒弃旧的教育思想观念，瞄准新时代对人才的要求，在教学内容、手段等方面不断探索、不断创新；

③具有较强的教学业务能力和科研能力。教师应不断钻研业务知识、积极参与科研学术活动，及时把最新、最先进的基础理论和专业技术知识传授给学生；

④不断更新知识结构，掌握本学科前沿发展动态。

（3）方法是保障

和以往的教育相比，素质教育对教学方法至少提出了四个方面的要求：

①变学生被动学习为主动学习。要求在培养学生的学习兴趣、激发学习的内在动力、调动学习主动性上下功夫，使他们真正成为学习的主人；

②给学生留出必要的时间与空间，让他们自己去思考并得出结论。这就要求教师改进授课方式，实践的东西精讲多练，理论的东西精讲多思；

③变单向教学过程为交互式教学过程。此项要求对外语教学更为重要。外语课本身就是实践性很强的课型，满堂灌的单向输出教学方法怎能让学生提高动口能力呢？即使是其他课目，也应多设计一些综合性问题，让学生自己根据已学知识进行扩展、延伸和综合，多讨论与交流，以培养学生独立思考能力、联想能力、综合分析能力以及表达能力；

④要促进教学手段的现代化。应大力推广和运用计算机多媒体辅助教学系统，使其充分参与教学的全过程。

2. 学的环节

此环节的主体当然是学生，他们既是素质教育的承载者，又是素质教育结果的直接体现者。因此，改善学的环节不能低估。

对学生来说，应具有什么样的素质，上文已有论述，这里围绕素质教育，仅就如何学的能力做一分析。

（1）掌握学习原则

学习原则是指我们在学习活动中观察问题、分析问题、解决问题的准则。

①积极主动性原则。要求学生要有明确的学习动机，强烈的求知欲，高度的自觉性以及战胜困难的坚韧毅力。

②理论与实践相结合的原则。这不仅要求学以致用，培养学生运用知识于实际的能力，而且原则本身还有助于充分理解记忆知识。

③"博学"与"专精"相结合的原则。传统教育注重"专精"，而大学生的素质教育要求两者有机结合，并格外强调"博学"的重要性。要做到博学，第一要强化基础理论；第二，要向边缘和综合学科开拓，以本专业为核心，不断接受新的科学技术知识；第三，要博采众长，博闻强识。

④系统性和循序渐进原则。学习不得任意破坏知识的系统性和知识的完整性，要掌握学习顺序性规律。

⑤掌握知识与发展智力相统一的原则。

（2）把握学习途径

传统教育的学生，往往只重视教师讲课，而轻视其他方面的学习途径。实际上，每一门知识都可以通过不同的途径去掌握。知识渊博的人都非常重视利用各种途径丰富自己的知识。素质教育下的学生应学会把握听课途径、阅读途径、求师途径、交流途径以及实践途径，不断挖掘潜力，开发潜能，体现学习主导者的作用。

（3）处理过程关系

学习的具体过程一般可分为感知、理解、巩固、应用四个阶段，而其中起作用的核心智力因素分别是观察力、思维力和想象力、记忆力、实际操作能力。所以，学生在学习的过程中，应善于处理感知与观察的关系、理解与思维的关系、巩固与记忆的关系、应用与技能的关系，使学习过程科学化。

（4）保护学习环境

环境是学习的重要条件。素质教育除了对教育体制在环境方面有所要求外，还对学生自我保护学习环境提出了较高的要求。从目前情况看，学生起码要保护三种类型的学习环境。

3. 管理的环节

管理的环节以前很少有人提起，这实际上是一种极端错误的认识。其实，科学、正规的教学管理是保证素质教育正常进行的重要基础工作，离开了这一环节，其他两个环节也难以联结形成系统。

面对素质教育，教学管理应搞好三项改革、两项开发工作。①改革教学管理制度，包括完善"淘汰制度"，从根本上解决学生学习动力不足的问题；②改革教学管理方式，摆脱"统得死就是管得严"的思想束缚，给学生以选择学习内容、方式、时间、场所的自主权，为学生创造全面、生动、活泼、主动、和谐地学习和发展的良好环境；③改革教学管理手段，运用多媒体技术，建立管理信息系统，提高管理的现代化水平；④开发非课程教学体系。非课程教学活动是相对于由教研室组织实施的课程教学活动而言的。它主要通过非课程教学活动，采用组织激励、组织压力、组织竞争、组织效能等特殊方式，达到提高学生整体素质的目的。教学目标包括基本素质（身体素质、精神气质、思想道德、立身做人、思维方法、人际关系、组织观念、工作思路）和定向素质（语言知识、科技知识、政治工作）。教学形式多样，诸如讲课、讲座、研讨、参观、交流、实习、总结等。对非课程教学体系一定要加强统一规划和组织领导，把非课程教学体系纳入学校合力育人轨道，使素质教育通过多途径实现；⑤开发非智能因素。在教学实践活动中，人们往往偏重于课堂教学，却容易忽略教学对象的非智能因素。应该看到，非智能因素在促进教育对象成才过程中有时较之智能因素具有更重要的意义。

二、创新教育与外语教学

（一）倡导创新教育的原因

1. 创新教育是知识经济时代的内在要求

何谓知识经济？顾名思义，它是指"以知识为基础的经济"。与以往的经济形态相比，知识经济的最大不同在于，它的繁荣不是直接取决于资源、资本、硬件技术的数量和规律或增量，而是直接依赖于知识或者有效信息的积累和利用它建立在日益发达的、成为未来经济主流的信息产业之上，强调产品和服务的数字化、网络化、智能化，主张个性化商品的规模生产，是能够按用户需要进行有效生产和服务的经济，也是当今世界一种新型的、富有生命力的经济。在一些发达国家，知识经济已开始显示出巨大的优越性和发展活力。毋庸置疑，知识经济必将逐步占据21世纪国际经济的主导地位。

（1）知识经济对人才素质提出了新要求

21世纪知识经济的竞争，实质上是人才的竞争，归根到底是教育的竞争；谁掌握了21世纪的教育，谁就掌握了21世纪知识经济竞争的主动权。展望新世纪，单向和机械的复制式教育势必要被淘汰。伴随着现代生产和现代科技的迅猛发展，教育的创造性将成为21世纪教育的一个重要走向和重要属性。其一，纵观人类历史，我们可以发现人类社会之所以加速发展，一是由于人类创造的文明成果的继承和积累，更重要的是由于人类的创新能力的极大增长。正是人类永不停息的创造活动才推动着历史不断进步。在知识经济时代，创造性的智力活动成为人们活动的主要形式和社会发展的强大杠杆。可以说，当今世界的时代精神就是创新精神，不创新就落后、就死亡。因此，培养创造性人才是时代的要求，是教育面向 21 世纪的重任。其二，知识经济是以创造新的知识产品为基本特征的经济，信息传递快捷，知识更新迅速，使得衡量一个人素质的主要标准不再仅仅是占有知识的多寡，更重要的是创新意识和创新能力的强弱。换言之，强烈的创新意识和旺盛的创造能力将形成未来人本质力量的要素，而这种创新意识和创新能力有赖于教育的创造性。其三，过去往往只强调人对未来社会的适应，对一个预想和定型的未来世界消极被动地调适，而知识经济时代则要求人极大地发挥主观能动性的创造潜力，主动去改造环境、创造未来，使环境、社会与人处于一种良性互动的适应状态。基于上述理由，可以说"未来教育区别于传统教育的最显著特点，就在于教育将由单纯的传递性转向开发性和创造性"。据对我国部分留美学生的调查，我国学生在校考试成绩不比美国学生差，但毕业后除少数人外，多数人创新能力明显不如美国学生。究其原因，就是我国的教育一向只注重单纯传授知识，把现存结论一股脑地塞给学生，期望学生个个学富五车，通文识理，但却忽略了创新教育，致使学生只能面对一堆枯燥的教条，失去了生活的基础和探索尝试的勇气。

（2）知识经济对高等教育提出了新要求

我们正处在经济和社会发生巨大变革的时代。如果说 200 年前工业经济开始替代了农业经济，给世界的发展带来了巨大的推动力，那么在今天，知识经济正在开始替代工业经济。知识经济的出现预示着人类社会生产和社会生活的一场革命，人类正步入一个以知识（智力）资源的占有、配置、生产、分配、使用（消费）为最重要因素的新时代。在知识经济时代，创新是经济发展和社会进步最根本的原动力。一个拥有持续创新能力和大量的创新人力资源的国家，将具有发展知识经济的巨大潜力，从而有足够的能力迎接知识经济带来的机遇和挑战。我国要在 21 世纪的国际社会中占有一定的地位和具有较强的竞争实力，必须培养大批具有创新意识和创新能力的高素质人才。

知识经济的到来，对于我国高等教育发展既是一个机遇，更是一个挑战。我国高等教育的根本任务是培养和造就高素质的专门人才，所谓"高素质"，主要是指有较强的创新意识和创新能力。然而我们传统教育的特点是重视知识的传授，在教学方式上强调"三中心"，即以课堂为中心，以教师为中心，以教科书为中心，其结果只能是积累和记忆前人留下的知识遗产。我国高等教育在人才培养方面的主要问题是过分强调学生死记硬背知识点和通过考试，对学生的独立思考、创造性思维、创新精神和创新能力重视不足，其后果是难以培养和造就高层次科技创新人才。

中国高等教育与世界发达国家高等教育水平的差距主要是在人才创新能力的培养上。创新教育是时代和社会发展的强烈要求，但却是我们过去的薄弱点，因此，从发展知识经济的角度看，中国高等教育未来发展所要解决的核心问题是大学生创新能力的培养问题。

所以高等教育的改革必须把创新能力的培养作为首要的改革目标，贯穿于教育的全过程，建立起可提高创新意识和创新能力的创新教育模式，为社会培养大量的创造性人才，以迎接知识经济的挑战。

2. 创新教育是面向 21 世纪高等教育改革的方向

21 世纪是知识经济的时代，知识经济的核心特征是知识创新，知识的创新就需要大批的创新人才，创新人才的培养呼唤创新教育。为此，高等教育要主动适应知识经济发展的要求，确定创造性人才的培养目标，建立创新人才的培养模式，改革教学方向，提高师资的教学与科研创新水平，营造良好的创新环境和条件，为社会培养更多的具有创新精神和创新能力的高素质人才。

（1）创新教育是高等教育改革和发展的内在要求

高等教育改革和发展的追求是什么？应该是培养和造就高素质的创造性人才的摇篮，应该是认识未知世界、探求客观真理、为人类解决面临的重大课题提供科学依据的前沿，应该是知识创新、推动科学技术成果向现实生产力转化的重要力量。这既是历史赋予的重任，也是时代的召唤，更是高校推进创新教育的直接动力。创新是高等教育的基本属性和重要功能。这种属性和功能表现在直接和间接两个层面上。在直接创新的层面上，它通过创造现实的文化成果来实现。如新学说、新理论、新方法、新工艺、新材料等等，它们直接推动经济的发展和社会的进步；在间接创新的层面上，则表现为培养创新人才，通过这些人才来实现各种创造活动。后者所释放出来的推动社会进步的能量，要比前者大得多。问题在于我们的现实教育实践中，由于受传统教育思想思维定式的束缚和应试教育的错误导向，使得高等教育仅作为职业教育和谋生手段；满足于考取学历、取得文凭，忽视了素质的培养和提高，尤其是忽视了创造力这个个体综合素质中最具生命力的特殊素质的培养和提高。高等教育的创新功能受到了干扰和抑制。这不仅使培养的人才缺乏创新能力，不适应社会的需求，而且也严重制约了高校自身的发展。当前高等学校必须努力更新教育观念，确立现代教育意识，改革教育内容和方法，尽快走出传统教育的种种误区，全面推行创新教育。

（2）创新教育是当前高等教育改革的核心

①探索未知将成为当今大学教育的时尚

知识经济时代，财富的形成不再仅仅取决于对现有可利用资源的有效配置，更重要的是取决于人类对自身智力的开发，如对知识的不断更新，对技术的不断创新。因此，对每个人来说，开发、培植、占有未知的东西的理想途径就是学习，学校开展各种类型的教育给每个人以增长新知识的机会，满足所有人的需要。作为一所大学探索未知的东西，那就是知识创新和创新教育。教育的多元性、创新性是提供未知东西的最有效途径。

工业化时代的大学教育是以传授知识为主，只有少数人去从事知识创新活动。在知识经济时代，传授知识仍为大学教育的基础，在此基础上要有更多的人从事创造活动。只有有能力把自己的知识和智力投入创新活动的人，才能适应知识经济发展的需要。知识经济时代的教育，要求人具有包括学科知识、综合知识形成的素质和能力，要求人们能够获取、应用和创新知识，并把自己的知识创造性地表现出来。知识经济时代的教育的核心是创新能力的培养。

②国家创新体系需要高校充分发挥作用并成为国家创新工程中的关键与重要环节

由于以知识为特征的人力资源资本成为主要的生产要素，而知识以知识经济为土壤，以高新技术的形式对经济的迅猛发展将发挥重要作用。教育作为知识的传承和创新园地，自然应是社会的中心之一；同时，由于创新能力的所有者成为社会经济价值的主要创造者和拥有者，进而成为社会生活中最受尊重、最有社会地位的人，所以人才是创新能力的载体和潜在形式，产生人才的高等教育自然应该是创新体系的基本组成部分。

由此可见，高校在国家科技体系与经济增长中的地位和作用是非常明确的。高校不仅是新知识、新技术的重要基地，而且要在这个基地上为社会造就有创新素质的优秀人才，使科技创新和经济增长能够持续发展。可见高校对国家创新体系的构建负有十分重要的历史使命，高校只有发展自己的创新能力，提高创新水平才能不愧于其在社会发展中的中心地位，为国家创新做出更大贡献。

③开展创新教育的研究，为大学教学改革提供思路

创新教育不同于传统教育，但是在传统教育基础上改革发展形成的。创新教育是培养和造就创新人才的教育，只有确立新教育质量观，才能培养出具有创新意识和创新能力的人才。造成我国传统教育和创新教育的差距的一个主要原因，就是教育长期以来比较注重知识的传授，而不太重视创造能力的培养。因此，重视创新教育已成为我国教育教学改革中刻不容缓的任务。为了加快实现创新教育，必须更新教育观念，特别是教育质量观念：由单纯注重专业知识的教育，转向既注重专业知识教学又要注意掌握厚实的基础知识和丰富的人文知识的结合；由单纯注重传授和学习已经形成的知识，转向注意培养实现知识创新与技术创新的能力相结合；由单纯根据掌握知识的多少来衡量质量，转向不仅要以掌握知识的多少来衡量质量，还要特别注重从能力和素质的角度衡量质量；由单纯强调全面发展，转向既强调全面发展，又要注意个性发展。

（二）实施创新教育的途径

1. 实现教育观念的创新

从社会和家庭的观念看，中国数千年的封建统治及其长期深厚的影响，造成我国从未形成创新性人才生成的良好的观念氛围。长期以来，"普天之下舍我其谁"的豪气，"江山代有人才出，各领风骚数百年"的进取创新意识偃旗息鼓；"木秀于林，风必摧之，堆出于岸，流必湍之，行高于人，众必非之"等处世观念充斥社会。这些观念严重束缚了个体的个性发展和独创性的发挥。因此，必须转变整个社会陈腐的观念，形成推崇创新、追求创新的观念氛围。

作为学生直接接受教育的场所—学校，更应该转变传统的教育价值观、人才观、学生观，确立创新教育观念。创新教育的核心思想是，教育不是为了让人们保存旧的观念，而是帮助人们不断创造新的价值；不单是让人们面对过去和现在的问题，又是帮助人们迎接未来的挑战。它通过不断激发人们的首创精神，使人们学会和实践应对未来问题的新的方法、新的技能、新的态度、新的价值，为创造自己所期望的未来做好准备。这就需要我们首先要更新教育观念，即彻底改革"应试教育"观，树立创新教育观，要以创造性人才成长和发展的规律为依据，以知识经济发展对人才素质的要求为导向，以培养创造性学生为目的，创新人才培养模式，改单一传授式教育为开发式教育，改教条式教育为探索式教育，改强制式教育为民主式教育。具体来说，需要确立三项基本观念：教育的终身化、教育的民主化、教育的个性化。二战后科学技术的突飞猛进促使知识爆炸性发展，人们很难将某一阶段学习所获得的有限知识有效地运用于整个人生。学校教给学生一定知识，已不再是教学的唯一目标，甚至不是主要的目标。要通过知识的传授，使学生获取学习新知识的基点，掌握获取新知识的方法，并形成独立判断、独立处理问题的能力。教育的民主化、个性化就是要尊重学生的个别差异，相信每个学生都有一定的创新潜能，只要教师在教育过程中形成有利于创新的民主氛围，因材施教，每个学生的创新潜能就都能得到不同程度的发展。在此意义上，现代教育的作用正是让每个人在其生命历程中能充分发展自身，激发全部潜能，提升个人生命的价值。

2. 实现教育制度的创新

这是影响教育性质、发展方向、人才培养质量的关键因素。我国现行的教育制度是在彻底废除旧中国封建的教育制度后逐步建立和完善的。它充分体现了社会主义教育的本质特征，在制度上保障了社会主义教育的健康发展。但是，由于制度的相对稳定性，因而它难以及时适应社会变革和发展的要求，并且，由于旧文化、旧传统、旧观念以及其他制度的影响与制约，现行的教育制度还存在一些不完善的地方，最突出的是考试制度和招生制度。我国现行的考试和招生制度，沿袭延续千余年的科举制度，虽然历经多次改革，不断有所完善，并对人才的选拔做出了重要贡献，但是弊端仍然不少：一是将考试成绩与素质能力画了等号。"一考定终身"的倾向迫使学生为考试而考试，整天苦于考试技巧的磨炼。为考出好成绩，不得不研习考题、唯题是攻、揣摩窥测、死记硬背，使许多学生走向歧途。二是考试形式的日益标准化和模式化，使考生的知识结构和思维方式都被框定在一个既定的范围内；而追求统一标准答案更是束缚了学生的思维，把学生驯化成了循规蹈矩、缺乏活力、没有开拓精神、不善于求新求异进行创造性思维的人。他们在一定程度上虽可能是考场上的成功者，但往往却不是适应社会需要或有利于社会发展的人才，这样就违背了建立考试制度的初衷，使得考试、文凭、知识和能力之间很难协调起来。近几年，各地从自身的实际出发，对考试、招生制度进行了一些改革。这些改革措施对全面贯彻教育方针和推行素质教育起了一定的作用，但是还没有从根本上解决科学地评价教育质量和选拔人才的问题。因此，研究和探索教育制度改革，是教育适应知识经济发展要求的一个紧迫任务。教育制度的创新，就是要建立与知识经济发展相适应，以培养创造性人才为目标，以形成终身教育体系为基础，以科学地评估教育质量和选拔人才为机制的教育制度。

3. 实现教育内容的创新

知识经济中所谓的知识分为五种类型：关于"是什么"的知识，关于"为什么"的知识，关于"怎样做"的知识，关于"是谁"的知识和关于"在哪里"的知识。前两类是"硬"知识，后三类则是"软"知识。在知识经济时代，硬知识与软知识必须完整结合。翻开我国基础教育教科书，不难发现，教学内容主要是硬知识，软知识十分薄弱。因而，我们的学生对硬知识的掌握应该说具有世界水平，但是，运用硬知识的能力和组织才能，即所拥有的软知识与世界水平则有很大的距离。过去我们也强调对学生能力的培养，但往往把知识和能力割裂开来，知识的完整性由教学内容来保证，能力培养则由教学过程来完成。面向知识经济的课程，应该是"面对复杂的需要"，"考虑到有关各学科的补充性和计划性中的教育目的，而把所有因素有机地合成一个新的复合的整体"。发达国家广泛开展的综合课程便是硬知识与软知识的有机结合，这种综合课程已成为世界各国课程发展的主要趋势。当前，课程、教材的研究和建设也成为我国教育研究的一个热点。创新教育内容，就是要构建科学的教育内容体系，摒弃学科中那些已被科学发展超越的东西，补充现代与未来科学中具有基础意义的新内容；多采纳以未来为导向的动态的学习材料，取代传统课程中以过去为指向的静态的学习材料，让学生学习和掌握那些具有应用潜力和再生作用，并能为学生适应未来变化、创造未来生活、服务未来社会作技术准备的知识信息。课程改革应当反映当代科技成就中包含着的现代科学思想，注重学科间的交叉渗透和综合，强调理论和实际相结合，学以致用，强调人与自然、社会协调发展的现代意识。

4. 实现教学方法的创新

实施创新教育，培养高素质的创造性人才，教学方法的改革是极其重要的一环。一是要从时代和社会发展的特征和趋势的高度，来重新审视过去的教学方法。不给学生留有自己思考的时空和余地，就不可能培养出独立思考、大胆创新的品质。二是要从传统文化的角度研究和改革教学方法。杨振宁先生从东西方文化传统的不同比较了中美的教学方法，他指出，中国传统教学方法重演绎、推理，按部就班，严格认真，基础扎实，但缺少创新意识；而美国的教学方法重归纳、分析和综合，是一种"体会式"的学习方法，其效果是独立思考能力和创造能力强，易于较快进入科学发展前沿，但根基不够扎实。因此，在发扬自己传统方法优点的同时，要大胆吸收和借鉴外国教学方法的长处，取长补短。三是要真正确立学生在教育活动中的主体地位。学生是教育的主体，学生获得知识、培养能力、提高素质主要依靠自己的主动性。创新教育的学生观，要求尊重学生的主体地位，尊重学生的自主精神和选择性要求，发挥学生的主观能动性和首创精神。为此，要积极倡导和推行以学生为教育主体的讨论式教学、辩论式教学、问题教学、案例教学，充分发挥学生的学习主动性，以锻炼他们观察、分析和解决问题的能力，帮助他们树立独立思考、大胆创新、探求未知的意识。

教育实践证明，教育方法对于教育的成败、质量的高低、学生的智力和创造力的开发，起着十分重要的作用。因此，教育方法的改革和创新，是历次教育改革的重要内容之一。传统的教学方法多是粉笔加黑板的灌输式教学，这种陈旧落后的教育方法使学生始终处于被动接受现成知识的地位，忽视了学生学习的主动性和积极性，抑制了学生的独立思考和创造能力。实际上，教育不应是单向灌输或注入，也不是"锻造"，而是师生的双向交流，学生是教育的对象，更是教育过程的主体。教育者的任务不应是仅仅告诉学生该干什么该知道什么；而应唤醒、鼓舞、激励学生的探索兴趣和创造性，在于启发引导他们学会学习。教育的成功与否在很大程度上取决于学生参与教育活动的自觉性和积极性。学生掌握知识、认识客观世界，是主动的探索过程。教师在教育过程中的主导作用，也主要体现在充分发挥学生的主体作用、积极性和创造性上，体现在启发引导学生的主动探索上。因此，必须改革旧的教学方法，要废止填鸭式、一言堂、保姆式教学，大力提倡启发式、民主讨论式、引导式教学。要教给学生知识，更要培养学生学会发现问题—提出问题—分析问题—解决问题—再提出新问题的创新能力，鼓励学生敢于打破"书本权威"，"教师权威"，求新求异。教育者还要有意识地给学生创设时间、空间、权利、困难、冲突，让他们去安排、去探讨、去选择、去解决。要在学生出现困惑和偏差时，结合实际给以点拨；不能无意或有意地剥夺学生充分发展的机会。应通过多肯定、多鼓励的行为使学生体验进步的喜悦，增强自信心。让学生通过实践去感受、去领悟、去升华，这样学生才会从一个被动体转变成一个主动探索者，只有主动出击，才会受益无穷。通过一系列有益的实践活动，学生才会从中感悟到学习的实质。自我教育使他们学会学习，并会伴随着困难的克服和成功，变得自强、自立、自信、有主见、有创造性。

（三）外语教学中的创新教育

1. 立足双基，精心设置学案，激发创新思维

众所周知，只有量达到一定的程度，才会有质的飞跃。学生学习外语也是如此。首先，他们要把书本上的基础知识学好，奠定知识基础，因为基础知识为思维能力的培养提供了可能和基础，即"知识提供的是思维的原始材料"。在外语教学中，我们立足于双基教学和训练，力求做到学生学有发展，学得活，学得透。要求学生灵活运用所学知识，要求充分理解而不是死记硬背。同时，把掌握知识的重点放在思考力上，根据学生思考问题的方式和特点，通过各种渠道把知识结构铺垫成学生思维的方式，通过提问、启发和点拨，引导学生思维，鼓励学生多角度思考，在学习知识的同时，训练思维方法，用思维方法指导知识学习。

学生要掌握好基础知识，是与教师的指导分不开的。古语云："授之以鱼，不如授之以渔。"只有教会了学生科学的学习方法，学生的能力才会得到提高。要为学生精心设置学案，对每单元的课文阅读采取"自学"、"共学"和"练习"的方法。"自学"，是指学生针对学案中的目标和要求进行预习，在预习过程中，要求他们完成记词义，长难句分析，段落大意和全文中心思想的归纳，让学生理清文章的脉络，了解课文的重点和难点，发现问题。然后让每一位同学准备一本预习心得本，将难点记录在本子上，交给老师，老师在备课时认真阅读学生的预习心得本，了解学生的疑点在哪儿，然后有针对性地拟订教案，这样在上课时，就既突出了重点，又节省了时间，提高了效率。"共学"，是指让学生在充分预习的基础上，教师在课堂上就重点、难点展开共同的学习研究活动，教师在关键处进行点拨，针对学生的疑难进行解答。在课堂整体教学上，学生"画龙"，教师"点睛"。然后，在"自学"和"共学"的基础上让学生去"练"，教师精选文中出现的重要字、词、句型、编成练习，让学生进行必要的巩固，使他们把学到的知识转化成能力。

实践证明，这样做，学生不是学少了，而是学多了，学活了，在教师指导学生自学

时，教师结合目标教学，要求学生针对目标，做到读思相结合，激发了学生积极思考，发现问题、提出问题和解决问题的能力。这样做也无疑使学生自学外语的能力得以明显提高。

2. 课堂中巧设疑问，引导创新思维

在教学中，教师应注意多角度、多方位地设计各种思考题，发展学生横向、类比、逆向、联想等思维，使学生不单单停留在理解和掌握所学的内容上，而且要利用现学的知识，结合已学知识去创造，去探索，培养他们的创新思维，增强创新能力。在课文教学时，应经常采用多种思维训练法，培养学生的创新思维。根据教材的语言材料，设置疑点，引导学生对课文内容进行再加工，鼓励学生从不同方面，不同角度进行思维。在实际教学中可以在学生学习完课文内容的基础上大胆提出一些扩展性问题。只要教师在课堂上巧妙地适时设问，对学生进行多种思维训练，那么学生的思维创造性便能得到充分发挥。

3. 不断改进教法，开发创新思维

随着现代教育的不断改革，开拓未来学生的教育必须立足于精选的教材和科学的教法。要实现课堂教学的创新教育，教师只有千方百计地拓宽学生的知识面，用大量生动有趣的题材去刺激学生的好奇心理，才能刺激学生的创新思维。然而，激发学生的兴趣，提高课堂教学效率，要从改革教学方法入手。

(1) 创造性复述

复述的过程实际上就是用大脑思维的过程，它可以训练学生的各种思维能力。因此，在课文教学上让学生进行创造性的复述，学生在把握原文主题、故事发展的基础上进行大胆、合理的想象，对原文内容和形式进行加工、整理、归纳、改写后进行复述，这样做，能促进学生语言知识能力的迅速转化，有利于开发学生的智力，培养学生丰富的想象力，开发其创造性思维。创造性复述可分为三种：①变更复述：让学生变换人称、时态、语态或文章体裁进行复述。②续篇复述：根据故事可能发生的变化，利用原有知识发挥想象，讲述故事可能出现的结局，这种复述有利于培养学生的想象力和创造意识。③概括性复述：根据材料所展示的内容进行分析、概括、推理，总结全文大意或段落大意。这是较高水平的复述，学生需要很强的归纳能力。

(2) 发挥性演讲

在上精读课时，尽可能地把课堂时间让给学生，让他们能够充分展现自己，争取说话的机会。这样学生的积极性就会很高，场面也会很热烈，还能充分展现他们的语言才能和思维想象能力，把学生的思维想象能力推向一个新的高度。

综上所述，复述和演讲是一种培养学生各种语用能力，激发学生创造性思维的有效教学方法。因此，在教学中，教师应该根据学生的实际水平和不同层次，选用适当的方法，使教学达到理想的效果。

4. 进行积极评价，鼓励创新思维

学生是一个需要肯定、褒扬，需要体验成功喜悦刺激的群体。在课堂教学的创造教育中，教师的信任和鼓励会直接影响到学生求知欲的产生，能影响到学生创造意识的萌发和创造力的产生。在教学中，学生往往会产生一些稀奇古怪的非常离奇的想法，这时候，教师如果给以严厉的批评、指责、训斥，那么将会压抑学生那些朦胧的、零碎的、片段的思想，从而阻碍学生创新思维的发展。课堂上，学生只有处于一种和谐宽松的关系和环境之中，才能激起主动的内部活动。这就要求教师对学生的学习行为及学习结果、反应等做出积极的评价，鼓励学生的创新思维。在评价中，应注意客观、公正、热情、诚恳，使学生体验到评价的严肃性，注意发挥评价的鼓励作用。以鼓励为主，满足学生的成功需要，调动他们的积极性。

5. 以情育情

一位外语教师的教学如何围绕创新教学这个目标开展一系列的教学活动，是与情感因素紧密相连的。试想，在课堂上，教师如果板着脸，严肃的神态已经使学生怕你三分，情感交流就无法进行。反之，教师自己情绪饱满，精神焕发地进入课堂，在课堂内始终面带微笑，学生们就会觉得亲切，受到感染，积极的情感随之产生。因此，借助于上课前几分钟的 warming up activities 至关重要。通常对于低年级的学生，教师以热情、和蔼的相关问候语句开始，进而回答一些简单的日常生活内容。同时，穿插一些国内外的新闻、笑话、校园文化、轶事趣闻等比较有深度的内容，这样教师饱满积极的情感通过以上媒介、手段，构成了一个弥漫积极情感色彩的场景，感染了学生，创设了一种优美、平静、和谐的外语学习环境，渲染铺垫了英语学习的气氛。置身于这样一个情景之中，学生们就会愉快地进入下一个阶段的学习——课文学习。可见，教师是英语学习课堂内情感的活化剂。

6. 实物演示

在外语教学中，大量运用实物、教学图片、幻灯片等多媒体手段，让学生置身于直观生动形象的情景里，经常为外语教学所采用。一来是直观的内容更容易被学生理解，二是学生由景生情，更容易引起情感共鸣，产生丰富的情感想象，进而生成与景相符的语言内容。最重要的一点是可以培养学生用外语思维的能力。

7. 注重示范作用

教师在授课中注意身体语言的运用将对学生的外语学习起到积极的推动作用。如表示认可的点头、鼓励性的微笑、肯定的手势等。同时在课堂内的适当走动、认真倾听学生们的发言、帮助他们解决个别词或词组问题，都具有很强的亲和力。以上这些都能使学生获得愉快的情感体验。学生们会认为他们的一言一行都受到了老师的注意及尊重。当然，课堂教学中教师还需增加班级活力，使同伴之间通过了解对方而相互认同和吸引。这就要求教师培养外语学习积极分子，经常在班级里表扬他们，朗读他们的优秀作业，张贴他们的佳作，并推荐给外语刊物。同时，教师还可以鼓励大家交流学习方法，因为榜样人物的力量是无穷的。对责任心强，功课好，又肯帮人的学生榜样，学生会有跟随、模仿的倾向。特别是当教师给了一个词组或句式，要求学生练习时，学生榜样的作用是很大的。有了示范，同学们的思路打开了，课堂气氛活跃了，师生的情感交流也加强了。

参考文献

[1] 丁煜. 大学英语教学多维探究 [M]. 武汉：华中科学技术大学出版社，2021.

[2] 段茂超. 大学英语教学创新与实践研究 [M]. 长春：吉林出版集团股份有限公司，2021.

[3] 成畅. 大学英语教学与课程建设新探索 [M]. 长春：吉林人民出版社，2021.

[4] 王凤玲. 信息化背景下大学英语教学的变革与探索 [M]. 长春：吉林出版集团股份有限公司，2021.

[5] 蒋春丽. 互联网+视域下大学英语教学新模式的研究 [M]. 北京：中国书籍出版社，2021.

[6] 刘丰振. 多元视角下的大学英语教学与发展研究 [M]. 北京：中国纺织出版社，2021.

[7] 刘慧. 突出自主学习的大学英语教学模式创新研究 [M]. 北京：企业管理出版社，2021.

[8] 李晓玲. 大学英语教学方法研究 [M]. 西安：陕西科学技术出版社，2020.

[9] 孙琳. 大学英语教学设计与有效教学 [M]. 长春：吉林大学出版社，2020.

[10] 冯建平. 新时代大学英语教学研究 [M]. 长春：吉林大学出版社，2020.

[11] 周保群. 大学英语教学模式与课程建设研究 [M]. 重庆：重庆大学出版社，2020.

[12] 张献. 大学英语教学理论及实践应用 [M]. 武汉：中国地质大学出版社，2020.

[13] 邝增乾. 大学英语教学的情感因素研究 [M]. 长春：吉林人民出版社，2020.

[14] 朱飞. 大学英语教学中的翻转课堂 [M]. 长春：吉林大学出版社，2020.

[15] 韩楠. 大学英语教学体系构建与创新性研究 [M]. 长春：吉林大学出版社，2020.

[16] 潘英慧. 基于微课的大学英语教学模式分析与研究 [M]. 长春市：吉林科学技术出版社，2020.

[17] 许丽云，刘枫. 大学英语教学的跨文化交际视角研究与创新发展 [M]. 北京：中国商务出版社，2020.

[18] 李爱华. 认知隐喻视角下的大学英语教学研究 [M]. 长春：吉林出版集团股份有限公司，2020.

[19] 张波，胡小燕. 跨文化交际视阈下大学英语教学理论构建与创新路径 [M]. 长春：吉林大学出版社，2020.

[20] 周奋. 大学英语课堂教学研究 [M]. 长春：吉林人民出版社，2020.

[21] 宋立娜，杨初楠. 新视野视域下的大学英语听说教学 [M]. 长春：吉林大学出版社，2020.

[22] 蔺蕴洲，史雨红. 大学英语文化教学理论阐释及创新视角研究 [M]. 长春：吉林大学出版社，2020.

[23] 李晓娜. 大学英语教学 [M]. 昆明：云南人民出版社，2020.

[24] 刘燕. 文化与大学英语教学 [M]. 北京：科学技术文献出版社，2019.

[25] 余玲. 文学翻译与大学英语教学 [M]. 北京：中国原子能出版社，2019.

[26] 周建萍. 大学英语教学行动研究 [M]. 旅游教育出版社，2019.

[27] 丁睿. 大学英语教学发展研究 [M]. 长春：吉林人民出版社，2019.

[28] 刘蕊. 大学英语教学的发展思考与创新 [M]. 北京：九州出版社，2019.

[29] 王晓静. ESP 视角下大学英语教学研究 [M]. 北京：中国原子能出版社，2019.

[30] 张茂君. 当代大学英语教学与文学的融入探究 [M]. 长春：吉林大学出版社，2019.

[31] 姚永红. 新媒体时代英语多模态教学模式架构 [M]. 长春：东北师范大学出版社，2018.

[32] 李晓朋. "互联网+" 时代英语自主学习与课堂教学的整合模式探究 [M]. 成都：电子科技大学出版社，2018.

[33] 黄燕鹂. "互联网+" 背景下大学英语教学体系的反思与重建 [M]. 成都：电子科技大学出版社，2018.

[34] 王华. 大学英语教学中互动式教学法应用研究 [M]. 成都：西南交通大学出版社，2018.

[35] 谭竹修. 多元文化教育视域下大学英语教学理论探索 [M]. 天津：天津科学技术出版社，2018.